IBRAHIM OV L'ILLVSTRE BASSA

us Chez Touſſainct Quinet, et Nicolas de Sercy au Palais.

IBRAHIM

OV

L'ILLVSTRE BASSA

TRAGI-COMEDIE

DEDIEE A MONSEIGNEVR

LE PRINCE DE MONACO

PAR MONSIEVR DE SCVDERY

A PARIS,

Chez NICOLAS DE SERCY, au Pallais, en la Salle
Dauphine, à la bonne Foy couronnée.

M. DC. XXXXIII.

Auec Priuilege du Roy.

A

MONSEIGNEVR LE
PRINCE DE MONACO,
DVC DE VALENTINOIS,
PAIR DE FRANCE, CHEVALIER
DES ORDRES DV ROY, &c.

ONSEIGNEVR,

C'eſt vne Princeſſe de voſtre Illuſtre Famille, qui va vous rendre ſes deuoirs : & vn Prince de vos Alliez, qui va vous demander voſtre protection. Apres le fauorable accueil qu'ils ont reçeu l'vn & l'autre de la Cour de France, ils ont creu qu'ils n'en eſtoient

ã ij

pas absolument indignes : & esperé que Voſtre Excellence, ne les deſauoüeroit point. Mais quelque glorieux que ſoit leur eſpoir, la vanité ne les aueugle nullement : & comme ils croyent qu'ils doiuent toute leur reputation, à l'Illuſtre Nom de GRIMALDI, ils veulent par vne reconnoiſſance publique, s'en acquiter aujourd'huy enuers vous. Pour moy MONSEIGNEVR, il s'en faut peu que ie ne m'eſtime Prophete, comme les anciens Poëtes ſe le diſoient ; que ie ne prenne ce que i'ay eſcrit dans mon Roman, pour vne inſpiration lumineuſe, de la fureur d'Apollon ; & que ie ne croye comme eux, *que le Dieu parloit en moy.* En effeƈt, vit-on iamais vne rencontre plus extraordinaire, que celle ou dans le meſme temps que par vne Fable, ie chaſſois les Caſtillans & les Napolitains de MONACO, V. E. par vne veritable valeur, les en chaſſoit effeƈti-

effectiuement? Ie me tiens le plus heureux de tous les hommes, d'auoir pré-
dit ce que vous auez fait : & d'auoir esté
le Prophete, puisque vous deuiez estre
le Heros. Ce n'est donc pas sans raison
que ie vous dedie vn Ouurage, où vous
auez tant de part : & qui n'a tiré toute
sa gloire, que de celle de vostre Nom.
I'y suis neantmoins encor obligé, par
vne cause particuliere, qui ne regarde
que moy : Ce n'est point vn present que
ie vous fay, c'est vne debte que ie vous
paye: (Si toutefois il est quelque chose
qui puisse payer, les faueurs d'vn Prince comme vous.) Il y a douze ans que
V. E. m'obligea sensiblement à MO-
NACO ; & douze ans que i'en conserue la memoire. Ie sçay que les grandes ames comme la vostre, font du bien
à tant de personnes, qu'elles n'en peuuent pas garder le souuenir: & mesme
qu'elles font assez genereuses pour taf-
ě

cher de le perdre : Mais MONSEI-
GNEVR, il n'eſt pas iuſte que ie ſois
ingrat, parce que vous eſtes genereux:
& que ie ne m'aquite point, parce que
vous auez oublié que ie vous doibs!
C'eſt donc icy que pour m'aquiter de
ce deuoir, autant que pour ſuiure la
couſtume, ie deurois faire vn Panegiry-
que au lieu d'vne Lettre; & parler de
voſtre Illuſtre Maiſon, & de voſtre Illuſtre Perſonne, en des termes dignes
de la grandeur de l'vne, & du merite de
l'autre. Toutefois, que pourrois-ie dire à toute la Terre, qu'elle ne ſçache
auſſi bien que moy? Tout le Monde ne
ſçait il pas, que la Republique de Gennes n'a que trois Noms, qui s'oſent éga-
ler au voſtre ? & que hors ces trois,
toute la Ligurie n'a rien, qui ne ſoit au
deſſouz de luy ? Eſt-il quelqu'vn qui
puiſſe ignorer, que la Famille de GRI-
MALDI, a preſques autant eu de He-

ros qu'elle a eu d'Hommes ; & que la
valeur luy eſt vne qualité hereditaire ?
Nommerois-ie icy vn PIERRE
GRIMALDI, qui fut auec vne Armée qu'il commandoit, au ſecours de
l'Empire de Grece ; & qui par vne mort
auſſi belle que ſa vie, rendit ſon Nom
immortel ? Parlerois-ie d'vn AN-
TOINE GRIMALDI, qui auec
vne puiſſante Flotte, fit trembler toute
l'Eſpagne ; Qui la remplit d'eſpouuan-
te & de terreur ; Qui denonça la guerre à trois Roys en meſme temps ; &
qui vit fuyr deuant luy, toutes les for-
ces de Majorque & de Minorque,
iointes à celles des Eſpagnols ? Fe-
rois-ie mention d'vn IEAN GRI-
MALDI, en faueur duquel l'Hi-
ſtoire rend ce glorieux teſmoignage,
qu'il valoit plus luy ſeul que toute vne Armée,
& qui auec des Troupes beaucoup
plus foibles, que celles de ſes ennemis ;

les deffit entierement, leur prit huict mille prisonniers, & entre eux, treize Capitaines d'vne reputation si haute, que par vne vanité militaire, ils les nommoient *les treize Scipions* ? Que si de ces tumultueuses Vertus, nous voulions passer aux Vertus paisibles, que ne pourrois-ie point dire, de cét ANSALDO GRIMALDI, que la Republique appelloit, & que l'Histoire appelle encor, *l'amour & les delices du Genre humain*, aussi bien que Rome y nommoit Titus? Elle luy fait le plus grand Eloge, qu'vn homme puisse meriter : & ie ne le tiens pas moins glorieux à sa memoire, que cette Statuë de marbre, que la Republique luy fit esleuer, dans la Salle du Palais. Mais MONSEIGNEVR, qu'irois-ie chercher, parmy les Superbes Monumens de vos Deuanciers? & pourquoy m'arrester à des Vertus mortes,

mortes, où i'en voy tant de viuantes? il vaudroit mieux paſſer de leurs Tombeaux, aux Arcs de Triomphe que vous meritez; & de la valeur qui n'eſt plus, à celle dont toute l'Europe parle, auec tant d'admiration. Il vaudroit mieux dis-ie, apprendre à la Poſterité, ce que noſtre Siecle a veu auec eſtonnement : & luy faire ſçauoir que vous fuſtes le Conquerant de voſtre Eſtat, & le Vainqueur des Tirans. Il vaudroit mieux luy faire connoiſtre, que les charmes de voſtre perſonne, & les rares qualitez de voſtre eſprit, ont eu vne approbation vniuerſelle, dans la plus pollie de toutes les Cours : Et que le plus Grand Roy de la Terre, & la plus Grande Reine de l'Vniuers, ont rendu des teſmoignages publics, de l'eſtime qu'ils en faiſoient. Ouy MONSEI-GNEVR, ce deſſein ſeroit grand & illuſtre, & veritablement digne de

vous Mais ie ne fuis pas digne de luy.
Ie connoy trop ma foibleffe pour l'en-
treprendre: & la hardieffe que i'ay euë,
d'en faire feulement vne legere esbau-
che, me donne tant de confufion; qu'à
peine oferay-ie vous dire, que ie fuis
& veux toufiours eftre,

MONSEIGNEVR,

DE V. E.

Le tres-humble, tres-obeïffant,
& tres-obligé Serufteur.
DE SCVDERY.

PRIVILEGE DV ROY.

LOVIS PAR LA GRACE DE DIEV, ROY DE FRANCE ET DE NAVARRE, A nos amez & feaux Conseillers, les Gens tenans nos Cours de Parlement, Maistres des Requestes ordinaires de nostre Hostel, Baillifs, Senechaux, Preuosts, leurs Lieutenans, & à tous autres de nos Iusticiers & Officiers qu'il apartiendra, Salut. Nostre cher & bien amé le SIEVR DE SCVDERY, nous à fait remonstrer qu'il à composé trois pieces de Theatre, intitulées *Ibrahim ou l'Illustre Bassa, Arminius ou les freres ennemis, & Axiane Comedie en prose,* lesquelles il desireroit faire imprimer, s'il nous plaisoit de luy accorder nos Lettres sur ce necessaires. A ces causes, & desirant gratifier ledit SIEVR DE SCVDERY, nous luy auons permis & permettons par ces presentes, de faire imprimer, vendre, & debiter, en tous les lieux de nostre obeïssance, lesdites trois pieces de Theatre, conjoinctement, ou separement, par tel Imprimeur ou Libraire qu'il voudra choisir, en telles marges & carracteres, & autant de fois que bon luy semblera, durant l'espace de cinq ans en-

tiers & accomplis, à compter du iour que chacune
sera acheuée d'imprimer pour la premiere fois, &
faisons tres expresses deffences, à toutes personnes
de quelque qualité & condition qu'elles soient, de
les imprimer, vendre, ny distribuer, en aucun lieu
de ce Royaume, durant ledit temps sans le consentement de l'exposant, ou de céux qui auront droit
de luy, sous pretexte d'augmentation, correction,
fausses marques, ou autre desguisement, en quelque
sorte & maniere que ce soit, mesme d'en extraire au-
cune chose, ny d'en changer les tittes, ou les emprun-
ter, pour les donner à d'autres ouurages, à peine de
trois mil liures d'amende. payables par chacun des
contreuenans, & apliquables, vn tiers à nous, vn tiers
à l'Hostel Dieu de Paris, & l'autre tiers à l'exposant,
ou au Libraire duquel il se sera seruy, de confiscation
des exemplaires contrefaicts, & de tous despens
dommages & interests, à condition qu'il sera mis
deux exemplaires de chacune desdites pieces, en
nostre Bibliothèque publique, & vn en celle de
nostre trescher & feal, le Sieur Seguier, Cheuallier
Chancelier de France, auant que de les exposer en
vente, à peine de nullité des presentes, du contenu
desquelles: NOVS voulons & vous mandons, que
vous fassiez iouyr pleinement, & paisiblement, ledit
SIEVR DE SCVDERY, & ceux qui auront droit

deluy, sans souffrir qu'il leur soit donné aucun empeschement. VOVLONS aussi qu'en mettant au commencement ou à la fin de chacuné desdites pieces, vn extraict des presentes, elles soient tenuës pour deuëment signifiées, & que foy y soit adioustée, & aux coppies collationnées par vn de nos amez & feaux Conseillers & Secretaires, commeà l'original. MANDONS au premier nostre Huissier ou Sergent sur ce requis, de faire pour l'execution d'icelles, tous exploits necessaires, sans demander autre permission. CAR tel est nostre plaisir. Nonobstant clameur de haro, Chartre Normande, & autres Lettres à ce contraires. Donné à Paris, le trentiesme iour de Ianuier, l'an de grace mil six cens quarante trois, & de nostre regne le trente trois.

Par le Roy en son Conseil.

CONRART.

Les Exemplaires ont esté fournis.

Acheué d'Imprimer pour la premiere fois, le premier iour de Mars mil six cens quarante-trois.

LES ACTEVRS.

IBRAHIM Grand Visir, autrement Iustinian, de la Race des Paleologues.

ISABELLE GRIMALDI Princesse de Monaco.

SVLTAN SOLIMAN Empereur des Turcs.

ROXELANE Sultane Reine.

ASTERIE Fille du Grand Seigneur.

RVSTAN Bassa.

EMILIE Parente d'Isabelle.

ACHOMAT Bassa.

ISVF Muphti, ou Grand Prestre de la Religion de Mahomet.

TROVPE des Grands de la Porte.

DEVX CAPIGIS, ou Capitaines des Gardes.

TROVPE DE IANISSAIRES.

DEVX FEMMES ESCLAVES, de la Sultane Reine.

QVATRE MVETS, auec leurs Cordes d'Arc à la main.

TROVPE de Ioüeurs de Haut-bois à la Turque & d'Ataballes.

LA SCENE EST AV SERRAIL DE DEHORS
A CONSTANTINOPLE.

IBRAHIM
OV
L'ILLVSTRE BASSA
TRAGI-COMEDIE.

ACTE PREMIER.
ROXELANE, RVSTAN, DEVX
ESCLAVES DE LA SVLTANE REYNE,
SOLIMAN, ASTERIE, ISABELLE, EMILIE.

SCENE PREMIERE.
ROXELANE, RVSTAN, DEVX
ESCLAVES DE LA SVLTANE REYNE.

ROXELANE.

RVSTAN, ne craignez rien, ne soyez point en peine;
C'est vn droit qu'on accorde à la Sultane Reine;
Et malgré la coustume, & sa seuerité,
Le Serrail de dehors, a cette liberté:

A

Icy quand il me plaist, peuuent entrer les hommes;
Et Roxelane enfin, regne aux lieux où nous sommes.

RVSTAN.

Madame, ie sçay bien quel est vostre pouuoir,
Et ie n'ignore point nos Loix, ny mon deuoir.
Que vostre Majesté me fasse donc entendre,
Quel seruice important, vn Bassa luy peut rendre;
Car si mes actions, sont en son souuenir,
Ie croy que le passé, respond de l'aduenir;
Qu'elle a lieu de iuger, que ie luy suis fidelle,
Et que mes volonteZ, ne releuent que d'elle:
Voila sur ce suject, quels sont mes sentimens;
Qu'elle me parle donc, par ses commandemens.

ROXELANE.

Tousiours le mesme soing, occupe ma pensée;
Tousiours par mesme object, mon Ame est offensée:
L'image d'Ibrahim, reuient à tous propos,
Me presenter sa gloire; & troubler mon repos.
Par luy seul ie languis, par luy seul ie soûpire;
Auecques Soliman, il partage l'Empire;
Toute chose succede au gré de son desir;
Et ie le voy Sultan plustost que grand Vizir.
Sur toute autre raison, sa vanité l'emporte;
Il a desia gagné tous les Grands de la Porte;

Et par l'esclat puissant de ses tresors offers,
D'Esclaue qu'il estoit, il les a mis aux fers,
Maintenant il agit, il commande, il ordonne;
Il ne luy manque plus, que la seule Couronne;
La moitié de la Terre, obeït à sa Loy,
Et bref par vn prodige, il regne & n'est point Roy.
Cependant Roxelane, & triste, & mesprisée,
Augmente son triomphe, & luy sert de risée:
Elle souffre, elle cede, hâ i en fremis d'horreur!
Elle qui possedoit, l'Empire, & l'Empereur.
I'ay veu tout l'Orient, souz mon obeïssance;
Les bornes de l'Estat, l'estoient de ma puissance;
Mon pouuoir s'estendoit, de l'vn à l'autre bout;
Ie faisois les Bassas, ie disposois de tout;
I'esleuois, i'abaissois, & tenois où nous sommes,
La fortune du Monde, & le destin des hommes:
Maintenant vn Esclaue, ennemy de mon bien,
Fait le sort de l'Empire, & dispose du mien.
Oüy, ce ieune insolent, me choque, & me trauerse:
S'il reuient triomphant, du voyage de Perse,
A quel excez d'orgueil, ne montera-t'il pas,
Luy qui sera plus haut, que ie ne l'ay veu bas?
Hâ Rustan, songez y! c'est la cause commune:
Icy vostre interest, est ioint à ma fortune:
Trauaillons donc ensemble, afin de nous vanger,
Et renuersons l'Empire, ou le faisons changer.

RVSTAN.

Que voſtre Majeſté, quelque mal qui la preſſe,
S'aſſeure en mon courage, autant qu'en mon adreſſe.
La mort de Muſtaphá, peut aſſez témoigner,
Que i'entreprendray tout, pour vous faire regner.
Enfin ſoit par la fraude, ou par la force ouuerte,
Puiſque vous le voulez, ie vous promets ſa perte:
Et quoy que ſon pouuoir, ſoit ſans comparaiſon,
Ie vous donne le choix, du fer ou du poiſon.

ROXELANE.

Soit ; mais auparauant, tentons vne autre voye,
Que le ſort fauorable aujourd'huy nous enuoye.
Ie ſçay que le Sultan, ayme cette beauté,
Qui n'a pour ſon amour, que de la cruauté;
Et bien que le Viſir, ſoit aymé d'Iſabelle,
Ie voy qu'il l'a regarde, & qu'il l'a trouue belle:
Quelquesfois l'amitié, l'emporte ſur l'Amour;
Mais quelquesfois auſſi, l'Amour regne à ſon tour.
Il eſtime Ibrahim, il peut tout dans ſon Ame,
Mais quel pouuoir n'a point, vne nouuelle flâme?
Et quels droicts ſi ſacrez, luy peut-on oppoſer,
Que cette paſſion, ne faſſe meſpriſer?
I'ay veu que mon merite, occupoit ſa memoire;
Que mon affection, faiſoit toute ſa gloire:

Et malgré tout cela, sans en auoir sujet,
Il me quitte aujourd'huy, pour vn indigne objet.
Nulle fidelité, n'est si bien establie,
Qu'vn esprit aueuglé, ne mesprise, & n'oublie,
Mais d'vn penser fascheux, passons dans vn plus doux:
Il fera pour autruy, ce qu'il a fait pour nous:
Quoy que le Grand Visir, de tout l'Estat dispose,
Il suffit de sçauoir, qu'ils aiment mesme chose:
C'est par là que l'espoir, nous peut estre permis:
Car enfin deux riuaux, ne sont iamais amis.
Or pour faciliter cette belle entreprise,
Enflamez Soliman, encor qu'on le mesprise;
Vantez luy cét objet, qu'on luy voit adorer;
Dittes-luy que les Rois peuuent tout esperer;
Que tout doit obeïr aux Maistres de la Terre;
Et qu'il doit triompher, en amour, comme en guerre.
Par là, nostre ennemy sera priué du iour:
Car ainsi l'amitié, s'esteindra par l'Amour.
Le Sultan cessera, d'aimer son aduersaire,
Et verra que sa perte, est vn mal necessaire.
Ioint que le Grand Visir, descouurant ce dessein,
En conceura luy-mesme, vn despit dans le sein,
Qui le pourra porter, à quelque violence;
Et porter le Sultan, contre son insolence.

A iij

RVSTAN.

Mais songez-vous Madame, à ce que vous tentez,
Et faut-il que Ruſtan, outrage vos beautez?

ROXELANE.

Ce ſentiment eſt bon dans vne Ame vulgaire,
Mais pour moy, cette amour, ne m'importune guere:
Si l'Empereur me laiſſe, au rang où ie pretens,
Qu'il aime, que ie regne, & nous ſerons contens:
S'il adore vne Eſclaue, & s'il faut qu'il ſoûpire,
Qu'elle regne en ſon cœur, & moy dans ſon Empire:
Car pour dire le vray, ie crains plus en ces lieux,
Le pouuoir d'Ibrahim, que celuy de ſes yeux.
Non, non, à cela prés, employons toute choſe:
La raiſon nous l'ordonne, & mon cœur s'y diſpoſe:
Taſchez donc de remettre, acheuant nos deſſains,
Les reſnes de l'Empire en de plus nobles mains.
Seruez à cette amour, puiſque ie le commande,
Et ſçachez que le Sceptre, eſt ce que ie demande.

RVSTAN.

Mais en obeïſſant, vous deuez me haïr!

ROXELANE.

L'on ne peut m'offençer, quand on veut m'obeïr.
Allez, allez Ruftan, commençer cét ouurage;
Reftablir ma puiffance, & vanger mon outragé;
Ne craignez point vn mal, qu'on me voit dédaignér;
Et fongez que mon cœur, a pour objet, Regner.

VNE ESCLAVE.

Le Sultan vient Madame; il entre dans la falle:

L'AVTRE ESCLAVE.

O Dieu qu'il paroift trifte! & que fon teint eft pafle!

VNE ESCLAVE

Il ne vous a point veuë;

L'AVTRE ESCLAVE.

il auance toufiours!

ROXELANE.

Gardons de l'interrompre, il rêue à fes amours;

SCENE
SECONDE.

SOLIMAN.

INjuſte Soliman, que ton crime eſt extréme!
Ne ſçaurois-tu cruel, te ſurmonter toy-meſme?
Eſt-ce vn labeur ſi grand, qu'il ne t'eſt point permis,
Apres auoir vaincu de ſi forts ennemis?
Quoy, faut-il que tu ſois, (ô funeſte memoire!)
L'ennemy de ton bien, & celuy de ta gloire?
Et que par vn malheur, hors de comparaiſon,
Tu ne puiſſes aimer, ſans perdre la raiſon?
Quel ſuplice à mon cœur, & quel trouble en mon Ame!
Quoy, ne ſçaurois-ie aimer, & ſans honte, & ſans blâme?
Et quel Aſtre ennemy de la gloire des Rois,
Me force à violler toutes ſortes de droits?
Cent climats differents, me donnent des Eſclaues,
Capables de regner ſur le cœur des plus braues;
La Grece n'a rien veu, de beau ny de charmant,

Qui ne soit au Serrail, par mon commandement;
& cependant, malgré cette gloire supréme,
I'ose vouloir rauir, au seul homme que i'aime,
Par vne lascheté, qu'on ne peut trop blasmer,
L'vnique & seul objet, que son Cœur peut aimer:
I'ose perdre Ibrahim, par cette injuste enuie;
Luy de qui ie tiens seul, & l'Empire, & la vie;
& qui pour me sauuer, au milieu des hazards,
S'est veu cent fois couuert, & de sang, & de dards!
Hà! non, mourons plustost, dans vn tourment si rude,
Que de nous diffamer, par vne ingratitude:
& nous priuons enfin, d'vn bien si souhaité,
Puisqu'on ne peut l'auoir, sans vne lascheté.
Mais Dieu! dans mon esprit, l'image d'Isabelle,
M'aparoist malgré moy, si charmante, & si belle;
L'Amour la peind si bien, dedans mon souuenir,
Que toute ma raison, ne sçauroit plus tenir.
Il faut croire en vn mot, en mettant bas les armes,
Qu'on ne sçauroit manquer, en adorant ses charmes;
Que le souuerain bien, se trouue en sa prison;
& que suiure ses pas, c'est suiure la raison.
Ie sçay ce que ie dois aux soins d'vn grand Ministre;
Ie sçay que sans son bras, vn accident sinistre,
Alloit m'oster d'vn coup, & le Sceptre, & le iour;
Mais ie n'ignore pas, ce qu'on doit à l'Amour:

B

&malgré la douleur, que ce remords me donne,
Ie dois mes premiers soins, à ma propre personne :
Le cœur le plus fidelle, & le plus affermy,
Rarement se veut perdre, en sauuant son amy ;
& quoy que puisse dire, vne amitié suspecte,
Où voit-on que l'Amour la craigne & la respecte ?
& parmy les mortels, quelle seuere loy,
Veut qu'vn autre en mon cœur l'emporte contre moy ?
Peut-estre qu'Ibrahim voyant ce que i'endure,
Aura quelque pitié, d'vne peine si dure ;
Qu'il cedera luy mesme, a ce Cœur amoureux,
& que pour me sauuer, il sera genereux.
Oüy, c'est par ce penser que mon cœur se console ;
Il quitta sa Maistresse, en gardant sa parole ;
& peut-estre qu'encor, par vn dessein plus beau,
Il voudra m'empescher, de descendre au Tombeau.
Car, que ne doit-il point, à ce cœur qui soûpire,
Luy que ie fais regner, sur vn si grand Empire ;
Luy qui verra les maux, que mon Ame a souffers ;
Luy que ie retiray, du sepulchre, & des fers ?
Brusle donc Soliman, d'vne ardeur legitime ;
& cheris cet objet, puisqu'on le peut sans crime.
Mais helas, quand le Ciel, & quand le Grand Visir,
Consentiroient ensemble, à mon iuste desir,
Ie n'aurois pas vaincu, la fierté d'Isabelle,

Qui veut paroistre encor, plus constante que belle;
Qui depuis si long-temps, aime auec tant d'ardeur,
Celuy qu'elle prefere, à toute ma grandeur)
& qui par vn regard, & modeste, & seuere,
Ordonne que ie meure, & que ie la reuere.
Mais qui peut resister, à celuy qui peut tout?
& quels sont les desseins, dont on ne vienne à bout?
Espere Soliman, espere, & continuë:
Plus la peine a duré, plus elle diminuë;
Oüy, chassons le passé, de nostre souuenir,
& pour nous consoler, regardons l'aüenir.
Le mal deuient plaisir, quand à la fin il cesse:
Allons donc au iardin, chercher cette Princesse:
Elle a beaucoup d'orgueil, mais i'ay beaucoup de cœur,
& la difficulté, fait le prix du vainqueur.

SOLIMAN.

B ij

SCENE
TROISIESME.

EMILIE, ISABELLE, SOLIMAN.

EMILIE.

Le Sultan vient Madame, il faut cesser de plaindre:

ISABELLE.

Cessons de soûpirer, & commençons de craindre.

SOLIMAN.

Ne pouuant estre heureux, & vous abandonner,
Ie viens me satisfaire, & vous importuner.

ISABELLE.

Seigneur, ta Majesté cognoist trop Isabelle,
& sçais trop le respect, que son cœur a pour elle,

Pour croire qu'elle puisse, (oubliant son deuoir,)
N'estre pas satisfaite, en l'honneur de te voir.

SOLIMAN.

Qu'Ibrahim est heureux! d'aimer vne personne,
Digne (non de son cœur) mais bien d'vne Couronne!
Qu'Ibrahim est heureux, d'en estre tant aimé!
Qu'Ibrahim la quitant, en doit estre blasmé!
Qu'Ibrahim est coupable, allant à cette guerre,
Fust-ce pour conquester, l'Empire de la Terre;
Qu'Ibrahim qui luy plaist, la deuroit irriter!
Pour moy ie fusse mort, auant que la quitter.

ISABELLE.

Mais plustost qu'Ibrahim, est cher à ma memoire,
De ce qu'il fait ceder, son amour à ta gloire!
& que son amitié Seigneur, te doit rauir,
Puisqu'il quitte Isabelle, afin de te seruir!
Oüy, sans doute sa faute, est belle, & pardonnable;
& le Grand Soliman, est tousiours raisonnable.

SOLIMAN.

Plust au Ciel pour ma gloire, & pour la vostre aussi,
Que ce cœur genereux, le creust tousiours ainsi!

ISABELLE.

Sans doute il croira tout, de ta vertu sublime,
Si toy mesme Seigneur, ne destruis son estime.

SOLIMAN.

Mais ie voudrois encor, pouuoir sans vous fascher,
Vous descouurir vn mal, que ie ne puis cacher,
& que vostre bonté, comme luy fust extreme :
Ie sçay bien que ie vay me destruire moy-mesme;
Que ie vay m'afliger, que ie vay me trahir;
& qu'enfin ce discours, me va faire haïr.
Mais auant que parler, de ce qu'on ne peut taire,
Dittes-moy si l'erreur, qui n'est point volontaire,
Est indigne de grace, & de vostre bonté,
Comme lors que le crime, est en la volonté?

ISABELLE.

Seigneur, responds toy-mesme, à ce que tu demandes;
La foiblesse n'est point, parmy les Ames grandes;
& comme elles ont droit, d'agir absolument,
Quand on les voit faillir, c'est volontairement.
Rien ne sçauroit forcer, dedans vne Ame saine,
La supréme raison, qui regne en souueraine.
Toutes les passions, dont les cœurs sont surpris,
Sont les pretextes faux, des plus foibles esprits,

Qui voulans defguifer leurs lafcheteʒ vifibles,
Donnent à leurs vainqueurs, le tilre d'Inuincibles.

SOLIMAN.

He!as ie fçauois bien, en mon fort malheureux,
Que vous ne me ferieʒ qu'vn luge rigoureux!
Cue voftre cruauté, rendroit ma peine extreme!
Qu'ainfi vous iugerieʒ, des autres par vous mefme!
& que ce cœur ingrat, tefmoignant fon courroux,
Blafmeroit en autruy, ce qui n'eft point en vous!
Mais aimable Ifabelle, auec quelle injuftice,
Condamneʒ-vous mon Ame, à ce cruel fuplice!
Puifqu'il eft belle ingratte, impoffible à vos fens,
De reffentir iamais, les douleurs que ie fens?
Qu'aueʒ-vous à combattre, adorable inhumaine?
De foibles ennemis qu'on furmonte fans peine:
Vous auez la vertu, qui leur peut refifter;
Vous aueʒ la raifon, qui vous les fait dompter:
Mais la mienne au contraire, apres s'eftre endormie,
Deuient ma plus cruelle, & plus fiere ennemie;
Car elle me fait voir, cent rares qualiteʒ;
& m'entretient de gloire, & de profperiteʒ.
Ce n'eft pas que d'abord, elle fe foit renduë;
L'impuiffante qu'elle eft, s'eft affez deffenduës
& c'eft pourquoy ie cede, aux armes du vainqueur,
Puifque ie n'ay plus rien, pour deffendre mon cœur:

& c'est pourquoy ie monstre, aux yeux d'vne cruelle,
Le mal prodigieux, que ie souffre pour elle,

ISABELLE.

Garde, garde, Seigneur, de la faire perir,
& d'accroistre ton mal, au lieu de le guerir.

SOLIMAN.

Qu'il s'accroisse, il n'importe ; & puisque rien ne m'aide,
C'est à moy de chercher, la mort, ou le remede.
Car que peut faire vn Prince, en cette extremité,
Qui n'a force ny cœur, raison ny volonté ?
Qui voit sa mort certaine, en cachant son martyre ;
Qui ne peut plus aimer, ny souffrir, sans le dire ;
& bref, qui se veut perdre en ce funeste iour,
Ou toucher de pitié, l'objet de son amour ?

ISABELLE.

Helas !

EMILIE.

ô iuste Ciel !

SOLIMAN.

enfin ie voy Madame,
Que vostre cœur m'entend, & qu'il connoist ma flame :

Et

Et ie rends grace au Ciel, de ce que sans parler,
Le mien vous a fait voir, ce qu'il ne peut celer:
Car malgré mon Amour, dans mon respect extréme,
I'aurois eu de la peine, a dire, ie vous aime.
Mais puisque vous sçauez, l'amour que i'ay pour vous,
Mais puisque ce bel œil, voit mon mal & ses coups;
Faites que ce qui sert à tout cœur qui soûpire,
Ne nuise pas au mien, qui vit souz vostre Empire.
Car ie connois assez, que plus ie feray voir,
Quelle est ma seruitude, & quel est son pouuoir;
Plus ie tesmoigneray, qu'il regne en ma pensée,
Plus sa fierté croira, qu'elle en est offencée.
Mais pour vous satisfaire, & pour vous empéscher,
En voyant mon erreur, de me la reprocher;
Ie confesse moy-mesme, ô diuine Isabelle,
Que ie suis criminel, comme vous estes belle;
Que vostre protecteur, ne peut qu'iniustement,
Ioindre à sa qualité, celle de vostre Amant;
Qu'ayant pour Ibrahim, vne extréme tendresse,
Ie ne deurois iamais, adorer sa Maistresse;
Qu'ayant pour Isabelle, vn respect si profond,
I'ay tort de luy monstrer, ce que ses beaux yeux font;
& bref, qu'aimant la gloire, & m'y laissant conduire,
Ie deurois estouffer, ce qui la peut destruire.
Mais confessez aussi, que tout cœur genereux,
Ne se monstre iamais, plus grand, plus amoureux,

C

Que lors que pour l'objet, qui regne en sa memoire,
On luy voit negliger, & l'honneur, & la gloire;
Qu'il destruit l'amitié, qu'il force la raison;
Qu'il hait sa liberté; qu'il cherit sa prison;
Qu'il veut vaincre ou mourir, aimant vne rebelle;
& se perdre en vn mot, où se faire aimer d'elle.
C'est l'estat où ie suis, objet rare & charmant:
C'est où veut aspirer, ce cœur en vous aimant:
Mais si quelque pitié, trouue place en vostre Ame,
Au lieu de condamner, & ce cœur, & sa flame;
Songez que s'il se rend, il a bien combattu;
& que la cruauté, n'est pas vne Vertu.
Songez que le Visir, à qui ie porte enuie,
Tient de Soliman seul, sa grandeur & sa vie;
& pour estre plus douce, à ce cœur mesprisé,
Plaignez au moins le mal, que vous auez causé.

ISABELLE.

Helas est-il possible, ô Prince redoutable,
Que tout ce que i'entens, puisse estre veritable?
& que le plus grand cœur, qui respire aujourd'huy,
Ait vn penser indigne, & de nous, & de luy?
Non, non, cela n'est point; & ne peut iamais estre:
Il a des passions, mais il en est le Maistre;
& tout ce vain discours, est vne inuention,
Pour esprouuer nostre Ame, & nostre affection.

Mais afin d'arrester cette cruelle feinte,
Qui porte en mon esprit, & l'horreur, & la crainte;
Que ta Hautesse sçache, en l'estat qu'est mon sort,
Que cette injuste amour, auanceroit ma mort:
Ie sçay ce que ie dois, en cette peine extreme,
A l'honneur, au Sultan, au Visir, à moi-mesme:
Ie sçay ce que ie dois, à tes illustres fais,
& ie le sçay trop bien, pour les ternir iamais.
Ie souffrirois plustost, l'effroyable suplice,
& ie t'estime trop, pour estre ta complice.
Quand le Grand Soliman, se deuroit irriter,
Pour son propre interest, il luy faut resister:
Il faut suiure sa raison, suiue celle d'vn autre,
& par là, conseruer & sa gloire, & la nostre.
Mais ie fais vn outrage, à ton nom glorieux,
De croire que ton cœur, soit vn cœur vicieux:
& i'ay tort de respondre, auec tant de tristesse,
A ce qui n'est qu'vn ieu, qui plaist à ta Hautesse.

SOLIMAN.

Plust au cruel destin, qui s'opose à mon bien,
Que pour vostre repos, ainsi que pour le mien,
Vous fussiez veritable, & cette flame feinte!
Ie serois sans douleur, & vous seriez sans crainte:
Mais aimable Isabelle, il n'est que trop certain,
Que ie porte vos fers, & le Sceptre à la main!

C ij

& si quelque mensonge, est en cette auanture,

C'est en ne disant pas, tout le mal que i'endure.

Ie sçay (ie vous l'ay dit) qu'en mon ardent desir,

I'offence esgallement, le Ciel & le Visir;

Qu'une sainte amitié, s'efface en ma memoire;

Que i'outrage à la fois, Ibrahim & ma gloire;

Que ie perds ce grand homme, en me perdant ainsi;

& qu'en le trahissant, ie me trahis aussi;

Que ie perds mon appuy, soit en paix, soit en guerre;

Mais estant criminel, enuers toute la Terre,

Voyez ma passion, malgré vostre courroux,

& que ie suis au moins, innocent enuers vous:

Puisqu'à bien raisonner, l'Ame estant enflamée,

Aime, & n'outrage point, vne personne aimée.

Aussi, bien qu'Ibrahim, engage vostre foy;

Aussi quelque rigueur, que vous ayez pour moy;

Si vous n'auez pitié, de mon sort déplorable,

Vostre cœur est injuste, autant qu'inexorable.

Ie ne demande point, en ce bien-heureux iour,

Vostre cœur pour mon cœur, & l'amour pour l'amour;

Mais ie veux seulement, en l'ardeur qui m'enflâme,

Que la compassion, console vn peu mon Ame;

Vous auez fait mes maux, veüillez donc les charmer;

& plaignez moy du moins, ne me pouuant aimer.

ISABELLE.

Seigneur, pour la pitié que ta voix me demande,
Ton esprit est trop bon, ta fortune est trop grande.
La pitié pour des Rois, ne peut s'imaginer :
Ils doiuent en auoir, & non pas en donner.
Aussi ne puis-ie croire, à moins qu'estre insensée,
Qu'un sentiment si bas, puisse estre en ta pensée.
Car Seigneur, le moyen qu'on puisse conceuoir,
Qu'apres auoir donné la Vie & le pouuoir,
A l'Illustre Bassa, qu'on aimoit, & que i'aime ;
Tu voulusses Seigneur, le poignarder toy-mesme ?
Que s'il faut à la fin, croire ce que ie voy,
Il auroit mieux valu, pour toy, pour luy, pour moy,
Laisser son Ame au point où l'on l'auoit reduite ;
Que de ne le sauuer, que pour le perdre en suite ;
Mais le perdre grand Prince, auec plus de rigueur,
Perdant auec le iour, Isabelle, & ton cœur.
Inuincible Sultan, ne fais rien en tumulte :
Que ton cœur genereux, soy-mesme se consulte ;
Il trouuera sans doute, en faisant quelque effort,
Que ta bouche auec luy, n'est nullement d'accort :
Qu'elle le veut trahir ; qu'il n'est point d'auec elle,
& qu'Ibrahim y regne, & non pas Isabelle ;
Que sa Vertu le charme, & non pas ma beauté,
& qu'il est tousiours bon, l'ayant tousiours esté.

SOLIMAN.

Non, ce n'est point ainsi, que ie me iustifie :
Non, ma bonté n'a rien, où mon Ame se fie :
Croyez moy criminel, autant que malheureux,
Pourueu que vous croyez, que ie suis amoureux.

ISABELLE.

Quoy Seigneur tu te perds ! & tu perds la memoire,
Que peut-estre à l'instant, que tu ternis ta gloire,
& que tu veux ternir, ma constance & ma foy,
Ibrahim va combattre, & s'exposer pour toy !
& respandre son sang, au milieu des alarmes,
Pour celuy qui me force, à respandre des larmes;
Pour celuy dont l'amour, me va mettre au Tombeau,
S'il ne change vn dessein, qui n'est ny grand, ny beau.

SOLIMAN.

Ie sçay ce que ie dois à l'illustre courage,
Qui me fait vaincre en Perse, à l'instant qu'on l'outrage;
Oüy, ie sçay que ses iours, doiuent m'estre vn Tresor;
Mais ie sçay que les miens, me doiuent l'estre encor:
& quoy qu'il puisse faire, aux lieux où ie l'employe,
Hà que i'ay bien fait plus, pour luy, contre ma ioye !
Oüy oüy, i'ay combattu mes sentimens ialoux,
I'ay deffendu mon cœur, trois mois, & contre vous.

J'ay bruflé fans me plaindre, au milieu de la flame,
Cachant voftre portrait, & mon mal dans mon Ame,
L'amour & l'amitié, s'efgalloient en rigueur,
& cent fois l'vne & l'autre, ont defchiré mon cœur,
& ie ne fçache point, de tourmens fi terribles,
De fuplices fi grands, de peines fi fenfibles,
Que ce cœur n'ait fouffers, auant que d'offenfer,
Ce riual que i'aimois, par le moindre penfer.
Mais eftant à la fin, au terme neceffaire,
De mourir malheureux, ou de ne me plus taire,
J'ay choifi le dernier, auec quelque raifon:
Car cét heureux captif, qui regne en fa prifon,
Ayant pû par honneur vous quitter pour me fuiure,
Le pourra pour ma gloire, & pour me faire viure,
Il rendra ce refpect, à nous, à noftre amour,
Et fe reffouuiendra, qu'il nous a deû le iour.

ISABELLE.

Seigneur, fi le Vifir peut eftre dit coupable,
Ce ne fut que pour moi, qu'il s'en trouua capable,
Ainfi mefme fa faute, eft encor aujourd'huy,
Ce qui doit t'empefcher, d'en commettre enuers luy,
Car que n'a merité, cette Ame infortunée,
Qui pour garder la foy, qu'elle t'auoit donnée,
Quitta cruellement, l'objet de fon amour,
Encor qu'elle l'aimaft, cent fois plus que le iour;

Et qu'elle sentist bien, que loing de sa presence,
Vne Effroyable mort, puniroit son offence?
Hâ! ne te flatte point, en cette occasion,
Et ne te trompe pas, à ta confusion!
Pense mieux d'Ibrahim, pense mieux d'Isabelle:
Elle mourroit pour luy, comme il mourroit pour elle;
Auant que la quiter, le Visir periroit;
Auant que le quiter, Isabelle mourroit.
Et quand par vn prodige, aussi grand qu'impossible,
Ibrahim a tes maux, pourroit estre sensible;
Quand il me parleroit, pour tes feux, contre luy;
Ie ne pecherois point, par l'exemple d'autruy.
Ie ne l'aimerois plus, s'il n'aimoit plus la gloire;
Mais en vain son erreur, cederoit la victoire,
Ie vous regarderois, en cét euenement,
Toy, comme vn ennemy, luy comme vn lasche Amant.

SOLIMAN.

Dieu! perdraj-ie en ce iour, l'espoir auec la Vie?

ISABELLE.

Perds plustost Isabelle, où ton iniuste enuie.

SOLIMAN.

Faut-il que ie perisse, auec ce vain desir?

ISABELLE.

Veux-tu perdre Isabelle, & perdre le Visir?

SOLIMAN.

Ciel ie l'ay tant aimé!

ISABELLE,

mais Ciel il t'aime encore!

SOLIMAN.

L'amour force mòn cœur!

ISABELLE.

mais il te deshonorè.

SOLIMAN.

Il force ma raison;

ISABELLE.

qui peut contrhindre vn Roy?

SOLIMAN.

Tu me nuis Ibrahim!

D

ISABELLE.

las il combat pour toy!

SOLIMAN.

Il trouble mon repos?

ISABELLE.

tu perds son Isabelle;
Hà! cesse de l'aimer!

SOLIMAN.

cessez donc d'estre belle.

SCENE QVATRIESME.

ISABELLE, EMILIE.

ISABELLE.

Qve malheur est le mien! qui vit iamais vn sort,
Comparable à celuy qui va causer ma mort?
Le plus grand des mortels, & le plus sage encore,
Deüient lasche, cruel, me perd, se deshonore;
Paye vn cœur genereux, d'vn ingrat traitement;
Trahit son amitié, viole son serment;
Choque le droit des gents, paroist impitoyable,
Deüient de Protecteur, Tiran inexorable;
Et pendant qu'Ibrahim, combat pour son honneur,
Il veut perdre le mien, auec tout mon bonheur.
Mais que dis-ie bon Dieu? peut-estre, helas peut-estre,
Que cette passion, dont il n'est plus le Maistre,

D ij

Le rend bien plus cruel, que ie ne le depeints;
Ie sçay ce qu'elle peut, ie la voy, ie la crains.
Celuy qui peut trahir, vne amitié fidelle;
Qui n'a plus aucun soin, ny de l'honneur, ny d'elle;
Qui cede laschement, qui paroist abatu;
Et qui n'écoute plus, ny raison, ny vertu;
Peut encor, (ie fremis à ce penser timide,)
Ioindre à la trahison, le sang & l'homicide:
Peut encor, (ô penser qui me perce le sein!)
Faire mourir celuy, qui choque son dessein.
Mais toute cette peine, où l'on t'a condamnée,
Vient de toy criminelle, autant qu'infortunée:
Oüy, la seule Isabelle, est dedans ses malheurs,
La cause de son mal, & celle de ses pleurs.
Elle seule inspira, dans vne Ame amoureuse,
Le cruel sentiment, d'estre trop genereuse:
Elle fit qu'Ibrahim, osa l'abandonner;
Bref elle y consentit, pouuant l'en destourner.
Car si i'eusse auec force, ainsi qu'auec tendresse,
Agi comme vne Amante, & comme vne Mestresse;
Prié, puis commandé, pour arrester ses pas,
Et fait voir à son cœur, qu'il ne me plaisoit pas.
S'il eust connû par nous, ses malheurs & les nostres;
Que le premier deuoir, emporte tous les autres;
Qu'estant comme il estoit, plein d'amour & de foy,
Il estoit obligé, de ne songer qu'à moy;

Que l'on ne doit iamais, tesmoigner son courage,
Quand la personne aimée, en reçoit vn outrage;
Qu'on n'est point genereux, quand on ose facher,
L'objet qui nous cherit, l'objet qui nous est cher;
Et si pour arrester, cette ame prisonniere,
Mon cœur eust joint enfin, la force à la priere;
Luy monstrant le deuoir, son esprit l'eust connu;
Ce genereux Amant, ne fust point reuenu;
Sa sagesse & la mienne, ainsi m'auroient sauuée;
Ie verrois l'Italie, au lieu d'estre enleuée;
Ie n'aurois iamais veu, les bords de l'Helespont;
L'iniuste Soliman, ne m'eust point fait d'affront;
Et pour dernier malheur, le pouuoir d'vn Barbare,
N'auroit point separé, deux Ames qu'il separe.
Mais ce n'est pas encor (i'y songe auec horreur,
Ma derniere disgrace, & ma derniere erreur,
Moi-mesme i'ay causé le mal qui me trauerse;
Ie deuois m'oposer, au voyage de Perse;
Ie deuois l'empescher, aucques mon ennuy;
Arrester Ibrahim, ou partir auec luy.
Mais le moyen de voir, le trait qui m'a frapée!
La prudence elle mesme, auroit esté trompée:
Le moyen de penser, au malheur que ie voy!
Mon cœur à ce despart, se vit transir d'effroy;
Il me predit sans doute, vne triste auanture;
Mais non pas d'où viendroit le tourment que i'endure;

D iij

Mais non pas clairement, le malheur que i'ay veu;
Il euſt eſté moins grand, s'il euſt eſté préueu.
Helas ie ſuis au point, quoy que le deſtin face,
De n'aprehender plus, de nouuelle diſgrace.
Mon ame eſt ſans eſpoir, ainſi que ſans deſir;
Ie crains pour mon honneur, pour moy, pour le Viſir:
L'on en veut à ma gloire, auſſi bien qu'à ſa vie;
Ie ſuis dans le Serrail, & i'y ſuis pourſuiuie;
En fin apres cela, ie deſpite le Ciel,
De verſer ſur mon ſort, plus de haine & de fiel.
Ceux dont l'Antiquité, nous à fait des exemples;
Ceux de qui les Tombeaux, ont merité des Temples;
Auoient cét auantage, en leur injuſte erreur,
Qu'il leur eſtoit permis, deſcouter leur fureur:
Qu'ils pouuoient eſuiter, le mal qui m'importune;
Et d'vn bras genereux, deſpiter la fortune.
Mais ma Religion, pour mon dernier malheur,
Me deffend de mourir, ſi ce n'eſt de douleur;
Bien eſt-il vray pourtant, qu'elle eſt ſi violente,
Que la mort qui la ſuit, ne ſçauroit eſtre lente.

EMILIE.

Hé Madame pour Dieu ne m'abandonnez pas!
Et pour vous garentir, d'vn iniuſte treſpas,
Songez que voſtre perte, en cauſeroit vne autre,
Car la mort d'Ibrahim, ſuiuroit bien toſt la voſtre.

ISABELLE.

Ha n'vſez plus d'vn nom, qui ne m'eſt plus permis:
Puis qu'il ne l'a receu, que de nos ennemis.

EMILIE.

Et bien, Iuſtinian, auiourd'huy vous oblige,
A moderer vn peu, l'ennuy qui vous afflige:
Songez qu'il ne peut viure, en perdant ſon bon heur.

ISABELLE.

Iſabelle non plus, ne le peut ſans honneur,
Il vaut mieux qu'vn Amant, la pleure en ſà memoire,
Que de pleurer tous deux, la perte de ma gloire,
Non, non, n'alongez pas, ces diſcours ſuperflus:
Ie viuray dans la gloire, ou ie ne viuray plus.

Fin du premier Acte.

ACTE II

ASTERIE, ISABELLE, EMILIE, ROXELANE, SOLI-MAN, RVSTAN, VN CAPIGI, IBRAHIM, ACHOMAT, TROVPE DES GRANDS DE LA PORTE, TROVPE DE IANISSAIRES PORTANS LES DRA-PEAVX DES PERSES, LES ARMES, LA COVRONNE ET LE SCEPTRE DE THACMAS , TROVPE DE IOÜEVRS D'ATABALES ET DE HAVT-BOIS.

SCENE PREMIERE.

ASTERIE, ISABELLE, EMILIE.

ASTERIE.

Ousiours cette tristesse, occupe vos penseés;
Le fascheux souuenir de vos peines passées,
Tousiours dans vostre esprit viendra se retracer,
Et la Grece n'a rien qui le puisse effacer.

Encor

ISABELLE.

Encor que ma douleur soit toûjours infinie,
Elle perd sa rigueur en vostre compagnie :
Et l'honneur de vous voir, a des charmes si doux,
Qu'on ne peut qu'estre heureux, estant auprez de vous.

ASTERIE.

Cette civilité, me contente, & m'oblige :
Mais ie n'ignore pas quel sujet vous aflige ;
Et i'ay sçeu du Sultan, par vn ample discours,
Et ce qu'est Ibrahim, & vos chastes amours,
Oüy de Iustinian, & d'Isabelle, encore,
Il est peu de trauaux, que mon esprit ignore.
GRIMALDI, MONACO, me sont des noms connus,
Ainsi que les succez, qui vous sont aduenus.
Ie sçay vostre naissance, & ie sçay que dans Gennes,
Commencerent vos iours, aussi bien que vos peines.
Qu'Ibrahim vous aima, dés l'instant qu'il vous vit :
Et qu'il ne vous donna, que ce qu'il vous rauit.
Qu'il fut Amant aimé, qu'vne haine ancienne,
Diuisoit dés long-temps, vostre race & la sienne.
Que vostre pere encor, se sentit secourir,
Par celuy que sa main, vouloit faire mourir.
Que depuis, vostre amour eut bien plus de licence :
Mais qu'il falut souffrir la rigueur d'vne absence :

E

Qu'il fut en Alemagne, ou pendant son séjour,
On luy dit qu'Isabelle, auoit changé d'amour;
Et qu'en son desespoir, apres cette nouuelle,
Il voulut s'aller perdre, en perdant Isabelle.
Or pour nostre bonheur, & pour le sien aussi,
La fortune & la Mer, l'amenerent icy;
Ou malgré le pouuoir, que le Sultan luy donne,
Il ne pût estre heureux, loing de vostre personne;
Et vous scachant constante, il voulut vous reuoir:
Il y fut, & reuint auec son desespoir.
Comme il est genereux, il garde sa parole,
Mais il s'afflige apres, & rien ne le console.
Le Sultan voit sa perte, & le voulant sauuer,
Sans qu'il en scache rien, il vous fait enleuer;
Ainsi l'on reünit, ce que le sort separe;
Et rien ne peut troubler vne amitié si rare.

ISABELLE.

Madame, trouuez bon que ie die en passant,
Que l'Illustre Ibrahim, n'est pas mesconnoissant:
Vostre haute Vertu, tient son ame asseruie:
Il m'a dit qu'à vous seule, il doit l'heur & la vie:
Et que le Sultan l'aime, & l'oblige à tel point,
Que son sang & sa mort, ne l'acquiteroient point:
I'ay sçeu qu'on luy permet, de garder sa croyance;

Que s'il est Musulman, ce n'est qu'en aparence ;
Et que par les conseils des Prestres de sa loy,
Il prist l'habit des Turcs, sans en prendre la foy.
Enfin en m'aprenant son estrange auanture,
Cét Illustre Bassa, m'a fait vne peinture,
Ou brillent à l'Enuy, l'honneur & les attraits !
Et quand il m'a tracé les merueilleux portraits,
D'vne vertu sublime, autant qu'elle est cherie,
Que ne m'a-t'il point dit, de la Grande Asterie ?
Si ie pouuois parler, sans perdre le respect,
Madame, ie dirois qu'il me deuint suspect.
Mais i'ay bien reconnu, Princesse sans esgalle,
Que vous estes sa Reine, & non pas ma riualle :
Et qu'apres tant d'effects de generosité,
Il peut vous adorer, sans infidelité.
Aussi n'est-ce qu'à vous, que i'adresse ma plainte ;
Et que vous que i'implore, en ma nouuelle crainte.
Ie vous cóniure donc, dans vn mal que i'ay teu ;
Par le nom d'Ibrahim, & par vostre vertu ;
Par le propre interest, du Sultan vostre pere ;
Par sa gloire qu'il perd, qui vous doit estre chere ;
Par l'honneur & par vous, de vouloir auiourd'huy,
En seruant le Sultan, vous opposer à luy :
Et par là conseruer, auec gloire immortelle,
Et les iours d'Ibrahim, & les iours d'Isabelle.
Ainsi iamais le Ciel, ne regarde en courroux,

E ij

Apres cette bonté, ni le Sultan, ni vous,
Et puiſſe la fortune, ô Diuine perſonne,
Vous donner plus d'vn Sceptre, & plus d'vne Couronne,
Puis qu'auec tous ſes biens, & ſes proſperitez,
Vous aurez moins encor, que vous ne meritez.

ASTERIE.

Non, non, ne celez point, ce que ie veux qu'on ſçache:
L'innocence paroiſt, & le crime ſe cache.
Ie crois n'auoir rien fait, digne d'eſtre blaſmé:
Ibrahim eſt aimable, & nous l'auons aimé.
Mais ſa rare valeur, & ſa Vertu ſublime,
N'allumerent en nous, qu'vne ardeur legitime:
Et ſçachant que pour vous, ſon Eſprit eſt atteint,
La raiſon fit nos feux, la raiſon les eſteint.
Ainſi ne craignez point, ô Riualle adorable,
Que ma protection, ne vous ſoit fauorable;
Et qu'vn cœur genereux, ne ſe porte auiourd'huy,
A tout ce que le voſtre, exigera de luy.
Mais en faiſant ceder, mon intereſt du voſtre,
Apres cette faueur, accordez m'en vne autre.
Ayez quelque bonté, pour me fauoriſer,
Et plaignez l'Empereur, au lieu de l'accuſer.
Car malgré ſon amour, cette ame noble & haute,
Se punit elle meſme, en connoiſſant ſa faute:
Et malgré le pouuoir, d'vn inſolent vainqueur,

L'amitié d'Ibrahim, regne encor en son cœur.
Il l'offense à regret, il le pleint, & se blasme;
Et si Rustan apres, n'obsedoit point son ame;
Qu'elle agist d'elle mesme, & par son sentiment;
Elle suiuroit bien tost, la Vertu seulement.
Or Diuine Isabelle, ayez plus de constance:
Esperez tout du Ciel, & de mon assistance:
Ie m'en vay de ce pas, auprez de l'Empereur,
Opposer la prudence, à son iniuste erreur.

ISABELLE.

Apres cette bonté, sage & belle Sultane,
Ie puis vous adorer, & n'estre point prophane.

EMILIE.

O Ciel! veüilles benir vn si iuste trauail;
Puis que tant de vertu, se rencontre au Serrail.

ASTERIE.

Retirez-vous Madame, & soyez moins en peine;
Allez, ie veux parler à la Sultane Reine:
Allez, donc, là voila; i'imagine vn discours,
Que m'inspire le Ciel, & pour vostre secours.

SCENE
SECONDE.

ASTERIE, ROXELANE, DEVX ESCLAVES.

ASTERIE.

L'Intereſt que ie prens, en tout ce qui vous touche,
Madame, ouure mon cœur, auſſi bien que ma bouche,
Et me force à parler, pour monſtrer ſon pouuoir,
Et contre le Sultan, & contre mon deuoir.
Mais que dis-je! au contraire, en pareille auanture,
C'eſt ſuiure la Vertu, c'eſt ſuiure la nature;
C'eſt faire ſon deuoir; c'eſt ſeruir l'Empereur;
Que de nous deſcouurir, ſa flame & ſon erreur.
La Princeſſe eſtrangere, à ſuborné ſon Ame;
Elle porte au Serrail, le deſordre & la flame:
Elle met auiourd'huy, l'vn & l'autre en ſon cœur;
Et ſe fait vn Captif, d'vn Illuſtre Vainqueur,

Madame songez-y, vostre gloire & la mienne,
Doiuent bannir d'icy, cette Esclaue Chrestienne;
Doiuent bannir d'icy, sa fatale beauté,
De peur de quelque estrange, & grande nouueauté.
Qui peut donner son Ame, ou plustost qui la donne,
Peut bien encor donner, son Sceptre & sa Couronne;
Et qui peut vous oster vn cœur remply d'ardeur,
Peut encor vous oster, le Sceptre & la Grandeur.
Vous sçauez qu'il est homme, & sçauez qu'elle est belle;
Connoissez Soliman, connoissez Isabelle;
Mais craignez l'vn & l'autre, en les connoissant bien;
Songez à tout Madame, & ne negligez rien.

ROXELANE.

Vostre crainte me plaist, & vostre aduis m'oblige:
Mais inutilement, on veut que ie m'aflige;
Ie ne m'estonne point, pour tout ce qu'on me dit:
Ie connoi le Sultan, ie connois mon credit:
Qu'Isabelle a son gré, charme & fasse la vaine,
Elle est tousiours Esclaue, & moy Sultane Reine.

ASTERIE.

Mais icy bien souuent, aux yeux de l'Vniuers,
D'Esclaue on deuient Reine, & l'on quitte ses fers.

ROXELANE.

Roxelane, il est vray, merita cette gloire;
Son Ame sur le Throsne, en garde la memoire;
Mais quoy, pour arriuer à ce suprême honneur,
Toutes n'ont pas sa grace, & n'ont pas son bonheur.

ASTERIE.

Encor que ce discours, n'ait rien qui n'importune,
Songez que la Fortune, est tousiours la Fortune:
Qu'elle regne absoluë, & mesme sur les Rois;
Et qu'on peut voir encor, ce qu'on vit autrefois.

ROXELANE.

Ces presages sont vains, & ces paroles vaines:
La main qui porte vn Sceptre, est trop loin de ses chaisnes:
Sur le Throsne où ie suis, qu'aurois-ie à redouter?
Ie n'en scaurois descendre, & l'on n'y peut monter.

ASTERIE.

Isabelle pourtant lé pourroit comme vne autre:

ROXELANE.

Ce n'est point ma riualle, elle est plustost la vostre:

Icy voſtre intereſt, veut paſſer pour le mien;
Enfin vous craignez tout, & moy ie ne crains rien.

ASTERIE.

Hà! Madame ceſſez, de me faire vn outrage:
Les filles du Sultan, ne ſont point ſans courage:
Et pour vous faire voir, ſi ie vaux vn Baſſa,
Ie naquis dans le Throſne, où le Sort vous plaça.

ROXELANE.

Vous ſortez du reſpect, & de la retenuë:

ASTERIE.

Non, voſtre qualité, ne m'eſt pas inconnuë.

ROXELANE,

Soliman......

ASTERIE.

a ce nom, ie dois eſtre à genoux.

ROXELANE.

Vous le deuez pour luy, vous le deuez pour nous.

F

ASTERIE.

Ie ſçay ce que ie dois, ſans qu'aucun me l'apprenne:
Ma mere eſtoit Sultane, & vous Sultane Reine :
Mais cette difference, eſt vn ſimple bon heur;
Et c'eſt de ma maiſon, que vous vient cét honneur.

ROXELANE.

Vous eſtes irritée, & l'affaire vous touche.

ASTERIE.

Moy ! la ſeule raiſon, m'ouure & ferme la bouche;
Et i'ay pris trop de part, en tous vos intereſts.

ROXELANE.

Et bien, n'en parlons plus, & n'en prenez iamais.

SCENE TROISIESME

ASTERIE.

L'Orgueilleuse qu'elle est, dedans son insolence,
Ne considere plus mon rang ny sa naissance :
Et perd le souuenir, en me comblant d'ennuis,
Et de ce qu'elle estoit, & de ce que ie suis.
L'altiere, la superbe, est tousiours irritée :
Vne gloire si grande, & si peu meritée,
Enfle ses vanitez, & l'aueugle à tel point,
Qu'elle se mesconnoit, & ne me connoit point.
Mais d'où vient qu'à sa gloire, elle n'est plus sensible,
Elle qui pour regner, trouueroit tout possible ?
Qui perdroit l'Vniuers, pour conseruer son rang,
Et qui n'a point d'horreur, de l'horreur & du sang ?

F ij

Quelque secret dessein, arreste la cruelle ;
Elle hait Ibrahim, encor plus qu'Isabelle ;
Elle craint son pouuoir ; elle craint son retour ;
Elle aspire peut estre, à le priuer du iour.
Mais à quelque degré, que monte sa furie,
Il suffit qu'Ibrahim, fut aimé d'Asterie :
Il suffit qu'elle hait ce grand homme auiourd'huy,
Pour me faire tenter, toute chose pour luy.

SCENE
QVATRIESME.

RVSTAN, SOLIMAN,

RVSTAN.

Elle ose refuser, vne gloire si grande :

SOLIMAN.

Elle n'a plus le cœur, que le mien luy demande.

RVSTAN.

Préferer vn Esclaue, à l'amour d'vn grand Roy!

SOLIMAN.

Elle aime ce que i'aime, & se regle sur moy.

RVSTAN.

Quoy! cherir vn Riual, de qui l'heur est extreme!

SOLIMAN.

Et malgré son bonheur, l'aimer plus que moy mesme.

RVSTAN.

Toy! souffrir vn reffus, qu'on ne peut trop blasmer!

SOLIMAN.

Rustan, adiouste encor, le souffrir, & l'aimer.

RVSTAN.

Et tu veux estimer, les fers qu'elle te donne!

SOLIMAN.

Ha Ciel! plus que le Sceptre, & plus que la Couronne.

RVSTTAN.

Mais qu'as tu pour la vaincre, & pour te secourir?

SOLIMAN.

Ton adresse Rustan, tes conseils, ou mourir.

RVSTAN.

T'a Hautesse auiourd'huy, les pourra-t'elle suiure?

SOLIMAN.

Hà! c'est me demander, si mon cœur pourra viure!

RVSTAN.

O seray-je parler?

SOLIMAN.

dispose de mon sort:

RVSTAN.

L'oseray-je Seigneur?

SOLIMAN.

Hà parle, ou ie suis mort.

RVSTAN.

L'excez de son orgueil, aussi grand que ses charmes,
Mesprisera tousiours la foiblesse des larmes :
Elle traite en Esclaue, vn qui l'est en effet ;
Et tu te plains d'un mal, que toy-mesmes t'es fait.
Il faut agir en Roy, quelque chose qu'on face ;
Dans cêt abaissement, la Majesté s'efface :
Elle perd vn esclat, qui touche les esprits ;
Et l'objet de pitié, l'est souuent de mespris.
La Vertu des Puissans, est la force supréme :
La terreur, est l'esclat, qui sort du Diademe :
Il faut que l'espouuante, accompagne leur voix :
Prier, est aux sujets, & commander aux Rois.
La crainte ebranle vne Ame, & puis l'amour l'emporte :
Et l'vne & l'autre ensemble, estonnent la plus forte.
Vn Prince est plus aimé, plus il paroist ardant :
Et tu ne dois iamais prier, qu'en commandant.
Parle, parle Seigneur, mais parle en grand Monarque :
Songe que ta puissance, est ta plus belle marque ;
Fais trembler Isabelle, afin de l'émouuoir :
Cache luy ta foiblesse, & monstre ton pouuoir.

SOLIMAN.

Mais perdre le respect, pour l'objet que l'on aime !

RVSTAN.

Mais perdre son repos, mais se perdre soy-mesme!

SOLIMAN.

Mais trahir Ibrahim!

RVSTAN.

Oüy Seigneur, oüy crois moy.

SOLIMAN.

Il me la confia ;

RVSTAN.

Mais luy-mesme est à toy.
Desia depuis trois mois, tu cheris la Chrestienne,
Sans oser soûpirer, qu'attends-tu, qu'il reuienne?

SOLIMAN.

Mon ordre le deffend ;

RVSTAN.

il n'a point respondu ;
Il veut desobéïr, où cèt ordre est perdu.

SOLIMAN.

Helas que doy-ie faire!

RVSTAN.

vser de diligence;
Parler, mais fortement :

SOLIMAN.

bien donc, qu'elle s'aduance.

SCENE CINQVIESME.

SOLIMAN.

Malheureux Soliman, qu'as-tu fait, que fais-tu?
Et que deuient enfin, ta premiere vertu?
Ibrahim, Ibrahim! Isabelle, Isabelle!
O Ciel qu'il est vaillant, mais ô Ciel, qu'elle est belle!

G

Il me sert, ie luy nuis; elle plaist à mes yeux,
Et ie vay l'offencer, d'vn discours furieux;
Hà quel dèreglement! ô Dieu quelle iniustice!
Esuitons, esuitons, le crime & le suplice:
Il est encore temps; que dis-je! la voicy;
Il n'est temps que de vaincre, ou de mourir icy.

SCENE
SIXIESME.

SOLIMAN, ISABELLE, RVSTAN, EMILIE.

SOLIMAN.

DE quelque feint respect, que vostre esprit se cache,
Ie voy que mon abord, vous desplaist & vous fasche:
Que ie vous importune, à vous voir seulement;

Que vous auez au cœur, ce cruel sentiment;
Que par ma passion, ie m'acquiers vostre haine;
Que mon trauail est vain, que ma poursuitte est vaine;
Que mes profonds respects, augmentent vostre orgueil;
Que vostre cruauté, prepare mon cercueil;
Que ma priere en fin, vous rend inexorable;
Que vous rendrez ma vie, ou ma mort desplorable;
Et qu'au lieu de toucher, vostre extréme rigueur,
Mes larmes ne font rien qu'endurcir vostre cœur.
C'est pourquoy, puis qu'ainsi mon esperance est morte,
Mon cœur à resolu d'en vser d'autre sorte.
I'ay trop fait le Captif, me voyant desdaigner:
Et puis que vostre esprit, refuse de regner;
Il est iuste, il est iuste, en ce mal qui me presse,
De ne vous traiter plus, de Reine & de Maistresse;
De cesser d'estre Esclaue, & d'agir autrement.
Mais ne pouuant cesser, d'estre encor vostre Amant;
Pour la derniere fois, il faut que ie vous die,
Puis que l'on voit mes máux, sans qu'on y remedie;
Que si ma passion, ne vous range au deuoir;
Que si vostre rigueur, me met au desespoir;
Mon cœur sera capable, en cette peine extreme,
De perdre toute chose, en se perdant soy mesme.

ISABELLE.

Quoy Seigneur, tu voudrois que ie creusse ta voix!

G ij

Que ie fiffe ce tort, au plus iuste des Rois !
Non, ie sçay sa Vertu, cette colere est feinte :
Il ne peut me toucher, ny d'amour, ny de crainte ;
Il peut ceder peut estre, à cette passion,
Mais non pas iamais faire, vne lasche action.
Son cœur est trop Illustre, & son Ame est trop belle :
Elle peut estre foible, & non iamais cruelle :
Et l'on ne verra point, en ce funeste iour,
Les effects de la haine, acheuez par l'amour.
Ce n'est pas, ce n'est pas que mon ame affligée,
Ne se creust bien heureuse, & bien ton obligée,
Si te laissant flechir, à mes iustes propos ;
Si pour sauuer ta gloire, ainsi que mon repos ;
Par haine ou par pitié, ta main iuste & puissante,
Chassoit de ton Serrail, Isabelle innocente ;
(Si l'on peut dire tel, ce qui trouble ta paix)
Et qu'elle la chassast, pour ne la voir iamais.

SOLIMAN.

Vous croyez qu'vne amour, que vous voulez destruire,
Empeschera tousiours, Soliman de vous nuire ;
De là vient cet orgueil, de là vient ce refus,
Qui rend en ma personne, vn Monarque confus.
Mais sçachez que ce Prince, en l'estat qu'est son Ame,
Au milieu de la glace, au milieu de la flame ;

Qui ne voit en son choix, qu'Isabelle ou la mort;
Doit pour vous posseder, faire vn dernier effort.
Blasmez si vous voulez, mon amoureuse enuie,
Mais il est iuste en fin, de conseruer sa vie:
I'ayme le Grand Visir, i'aime & connois sa foy;
I'ay du respect pour vous, mais i'ay pitié de moy.
I'ay fait, helas i'ay fait, plus que n'eust fait nul autre,
Pour trouuer mon repos, sans trauerser le vostre:
Mais voyant que mon cœur, ne peut viure sans vous,
Il ne doit pas mourir, ce choix estant à nous.
Sçachez donc que ce cœur, va iusqu'à la furie;
Qu'il vous peut commander, encore qu'il vous prie;
Qu'il est digne de vous, estant digne d'vn Roy;
Qu'on me doit conseruer, le iour qu'on tient de moy;
Qu'Ibrahim est ingrat, s'il ne veut point le faire;
Et qu'apres le mespris, succede la colere.
Enfin souuenez vous, pour la derniere fois,
Que l'extreme vangeance, est le plaisir des Rois;
Et des Rois irritez, dont l'Ame est enflammée:
Qu'Ibrahim qui me nuit, est dedans mon Armée;
Et qu'Isabelle songe, en faisant son deuoir,
Qu'elle est dans le Serrail, ou i'ay quelque pouuoir.

ISABELLE.

Inuincible Empereur, ie sçay toutes ces choses:
Mais ie sçay mieux encor, que c'est toy qui disposes,

Du Camp & du Serrail; & que veu ta bonté,
L'vn & l'autre nous eſt, vn lieu de ſeureté.
Et puis, qui peut penſer, ô Prince plein de gloire,
Que le pauure Ibrahim, ſoit hors de ta memoire?
Que luy que ta Hauteſſe, à tant aimé iadis,
Puiſſe iamais tomber, au malheur que tu dis?
Ie ne croiray iamais, que les yeux d'Iſabelle,
Inſpirent des deſirs, qui ſoient indignes d'elle;
Non Seigneur, non Seigneur, ie ne puis le penſer;
C'eſt te faire vn outrage, & c'eſt trop m'offencer.

SOLIMAN.

Iſabelle en mon cœur, a mis beaucoup de flame,
Et n'a rien mis en luy, qui ſoit digne de blaſme.
Mais il faut que i'aduoüe, en blaſmant ſon erreur,
Qu'enfin ſa cruauté, me porte à la fureur:
Et que ie ſuis capable, en cette peine eſtrange,
De perdre, & perdre tout, pourueu que ie me vange.

ISABELLE.

Seigneur, ce ſentiment ne t'eſt iamais permis:
Ne me menace point, auecques mes amis,
La crainte ne peut rien, ſur vne Ame afligée:
Et quand ie n'aurois point, ma parole engagée;
Et quand i'aurois pour toy, l'amour & le deſir,
Qu'auec plus de raiſon, i'ay pour le Grand Viſir;

Quand ma Religion, pourroit estre la tienne ;
Roxelane est ta femme, Isabelle est Chrestienne ;
Traite la mieux Seigneur, & pense desormais,
Qu'elle n'est point Esclaue, & ne la fut iamais.

SOLIMAN.

Hà de grace arrestez ces paroles trop vaines:
Les Esclaues chez moy, sont au dessus des Reines:
Et ce n'est pas auoir vne grande rigueur,
Que vous faire Regner, & Regner sur mon cœur.

ISABELLE.

Enfin Seigneur, enfin, tout ce que ie puis dire,
Apres les sentimens, que la fureur t'inspire ;
C'est que quand ta Hautesse en perdant sa bonté,
Voudroit par la frayeur, toucher ma volonté ;
Obtenir par la crainte, vne place en mon Ame,
Qu'on reffuse à l'amour, qu'on refuse à sa flame ;
Condamner Ibrahim, au suplice, au trespas ;
Ie le verrois mourir, & ne t'aimerois pas.
I'aime le Grand Visir, encor plus que moy-mesme ;
Mais i'aime plus que luy, ce qui fait que ie l'aime:
Ie veux dire l'honneur, qu'il a tousiours aimé ;
Qu'il meure donc plustost, que ce qui l'a charmé ;
Meure le Grand Visir, meure encor Isabelle,
Pourueu que cette mort, puisse estre digne d'elle:

Vois s'il te reste encor, quelque chose à tenter,
Puisque mesme la mort, ne peut m'épouuanter.
Non Seigneur, non Seigneur, tu n'as plus d'esperance,
Où si tu l'as encor, elle est sans apparence:
Tu ne peux en amour, estre que malheureux,
Mais tu peux estre encor, & Grand, & Genereux.
Fais donc que cette amour, qui ne me sçauroit plaire,
Ou cede à la raison, ou cede à la colere;
Acheue ta fureur, ou reprends ta pitié;
N'ayes que de la haine, ou que de l'amitié;
Ou sois mon Protecteur, ou sois mon aduersaire;
Et puis qu'enfin ce choix, est vn point necessaire,
Regarde ma constance, & vois ce que tu fais;
Vois moy pour Ibrahim, où ne me vois iamais.
Ie sçay Seigneur, ie sçay, sans qu'aucun me le die,
Qu'en cette occasion, ie parois trop hardie.
Mais puisque ta rigueur, n'escoute plus ma voix,
Il faut te dire encor, pour la derniere fois;
Que mon Ame Seigneur, ne peut estre contrainte;
Qu'elle vaincra l'amour, la Grandeur, & la crainte;
Qu'elle ne peut changer; & qu'inutilement,
Tu veux perdre ta gloire, & causer son tourment.

SOLIMAN.

La frayeur ne peut rien, sur vostre Ame inflexible,
La pitié ne peut rien, sur mon cœur trop sensible:

O Ciel

Et puis que i'aime encor, ce que ie dois haïr,
Vous verrez si ce cœur, se sçait faire obeïr.

SCENE

SEPTIESME.

VN CAPIGI, SOLIMAN, ISABELLE, EMILIE, RVSTAN.

VN CAPIGI.

L E Grand Visir arriue, il t'a voulu surprendre.

SOLIMAN.

Qui ?

LE CAPIGI.

l'Illustre Ibrahim :

SOLIMAN.

Dieu, que viens-ie d'entendre !

H

ISABELLE.

Ciel, tu me rends le iour, le rendant à mes yeux!

SOLIMAN.

Qu'il entre ; arreste ; va ; demeure ; ô iustes Cieux!
Que feray-ie! Ibrahim! qu'il vienne; & vous Madame,
Si vous aimez le iour, autant que vostre flame;
Si vous aimez la vie, & celle du Visir,
Cachez-luy ma douleur, & vostre desplaisir;
Autrement........

ISABELLE.

Non Seigneur, cette menace est vaine,
Ie sçay ce que ie dois ;

SOLIMAN.

Rustan, qu'on la remeine.

SCENE
HVICTIESME.

SOLIMAN.

O Ciel ı & de quel front, verray-ie ce grand cœur,
Qui sans doute reuient, triomphant & vainqueur?
Comment puis-ie cacher, ma flame illegitime?
Comment puis-ie cacher, & ma honte, & mon crime?
Ie me sens tout en feu; ie tremble, ie fremis;
Moy, qui souuent ay fait trembler mes ennemis.
O Vertu, seul apuy, qui soustiens ma Couronpe,
Tu m'as abandonné, la force m'abandonne,
Et Soliman n'est plus, ce Soliman si fort ı
Ie l'entends, le voicy, Dieu que ne suis-ie mort.

SCENE
NEVFIESME.

IBRAHIM, ACHOMAT,
TROVPE DES GRANDS DE LA PORTE,
TROVPE DE IANISSAIRES PORTANS LES DRA-
PEAVX, SOLIMAN.

IBRAHIM.

QV and ie fus par ton ordre, auprez de Betilize,
　Cette Place Seigneur, que ta main a conquise;
Ie trouuê que ton Camp, eſtoit preſt à marcher:
L'Ennemy nous cherchoit, nous le fuſmes chercher.
Enfin nous le trouuons, dans ces vaſtes campagnes,
Qu'enuironnent par tout, quatre hautes montagnes.
La Plaine de Niphate, eſt le lieu ſignalé,
Où pour toy ſeulement, la victoire a volé.
Dés que par tes Coureurs, qui le virent paroiſtre,

Ie ſçeu qu'il m'attendoit, ie fus le reconnoiſtre :
Et ie vy le Sophi, dont les commandemens,
Tiroient ſes Eſcadrons, de ſes retranchemens ;
(Car la Perſe Seigneur, qui n'a qu'vne furie,
Fait conſiſter ſa force, en ſa Caualllerie.)
A l'inſtant ie formé, de l'vn à l'autre bout,
Ce grand, & beau Croiſſant, ſi redouté par tout.
I'imite l'Ennemy, i'agis comme il trauaille ;
Ie range ton armée, & la mets en Bataille.
Ie donne l'Aiſle gauche, au vieux Baſſa Pialli ;
Ie donne l'Aiſle droite, au Genereux Alli ;
Le ſage & fort Iſuf, Saniac de la Morée,
Pointe l'Artillerie, & la tient preparée.
I'arbore tes Drapeaux, & tous les Eſtendarts ;
Vingt-deux Eſcadrons, font front de toutes parts ;
Ie vay de rang en rang ;

SOLIMAN.

que ſa prudence eſt rare !

IBRAHIM.

Pour voir ſi rien ne branſle, & ſi tout ſe prepare.
I'exorte, ie commande, & menace à la fois ;
Ie fais agir par tout, l'œil, la main, & la voix ;
Lors ayant donné l'Ordre, aux choſes neceſſaires,

Ie forme vn Bataillon, de tous les Ianissaires;
Et sans les exorter, sinon en combatant,
Ie me mets à leur teste, & l'on marche à l'instant.
Par tout sonne la charge, en tes Troupes Royalles;
Vn'effroyable bruit, de cris & d'Ataballes,
Mesle au bruit du Canon, son bruit grand & confus,
Enfin l'air s'obscurcit, & l'on ne se voit plus.
Mais malgré la poußiere, & malgré la fumée,
L'on voit flamber le fer, dans l'vne & l'autre Armée.
C'est là dis-je aux Soldats, qu'il se faut signaller,
C'est là mes compagnons, c'est là qu'il faut aller.
A l'instant tout me suit, tout combat, tout se mesle;
Tout lance & tout reçoit, vne effroyable grefle;
Et le fer & le feu, rougissent tout de sang;
La Victoire & la Mort, courent de rang en rang;
Chacun suit vaillamment, l'ardeur qui le possede;
Chacun frape, est frapé, combat, Triomphe, ou cede;
Se fait iour, est percé, tombe, ou fait sucomber;
Et desrobe le iour, qu'il se sent desrober.
Lors vn Escadron plie, ou tes Gardes arriuent:
Ie le renuerse encor, sur d'autres qui le suiuent:
Ie mets tout en desordre, en cette occasion,
Et me sers en ce lieu, de leur confusion.
Mais Pialli glorieux, de plus d'une conqueste,
Se trouuant Telefan, & Basingir en teste,
Et vingt mille Soldats, ployoit sans deshonneur;

Quand ma main y porta, son fer, & ton bon heur.
Ie rallié les siens qui prenoient tous la fuite;
Et lors ioignant mon bras, à sa sage conduite,
Il fit que l'Ennemy, commença de branfler,
Et ceux qui reculoient, le firent reculer.
Ie quite l'Aisle gauche , & ie cours à la droite :
Alamut y cedoit, i'acheue sa deffaite :
Et le Vaillant Alli, dont ie fus au secours,
Y fit Seigneur, y fit, ce qu'il à fait tousiours.
Enfin ce fut alors, auec beaucoup de gloire,
Que le Sophi Vaincu , te ceda la victoire :
Qu'il perdit l'esperance , & qu'il se retira;
Et le Champ de Bataille, enfin nous demeura;
Auec tout le Canon, auec tout le Bagage;
Et trente mille morts.

SOLIMAN.

ô l'Illuftre Courage!

IBRAHIM.

Hà garde cette gloire, elle n'eft point à moy!
Elle eft à ces Guerriers, qui combatoient pour toy;
Elle eft à ces grands cœurs, qui font trembler la Perfe;
Qui n'ont point d'Ennemis, que leur bras ne renuerfe.
Mais entre ces Guerriers, Achomat que voicy ;
A fignalé fa force, & fon courage aufſi.

Si l'on luy rend Iustice, il n'est rien qu'il n'obtienne;
Il vaut vne Couronne, en deffendant la tienne.
Or te voulant surprendre auec plus de plaisir,
Et laisser en ton cœur, la crainte & le desir;
I'establis vn tel ordre, à l'entour de l'Armée,
Que tout fut arresté, iusqu'à la Renommée.
Aucun de nostre Camp, ny des lieux d'alentour,
Ne put auec ce bruit, deuancer mon retour:
Et voyant la défaite, & ma victoire entière,
Ie remenay ton Camp, iusques sur la frontiere:
Car depuis ce grand iour, tout ceda, tout flêchit;
Ie reconquis la Perse, & Tauris se rendit.
Vne seconde fois, ma main te la redonne:
I'aporte ses Drapeaux, i'aporte sa Couronne;
Les Armes d'vn vaincu, qui ne l'estoit iamais;
I'aporte deux grands biens, la Victoire & la Paix:
I'aporte de Tachmas, & Sceptre, & Diadème;
Ie mets tout à tes pieds, en m'y mettant moy-mesme.

SOLIMAN.

Quoy que puisse auoir fait, & ta force & la leur;
Ie n'attendois pas moins, de ta rare valeur:
Hâ tu n'as Ibrahim, que trop fait pour ma gloire!
I'estois assez ingrat, sans cette autre victoire;
Et ce n'estoit que trop, des seruices passez!

IBRAHIM.

Ce Cœur en te seruant, ne dit point c'est assez.
Mais Seigneur, trouue bon en l'ardeur qui me presse,
Que ie quite mon Maistre, & coure à ma Maistresse.
Ie suis quite enuers luy, de ce premier deuoir,
Ie luy dois le second, & ie meurs de là voir.
Ie te laissé mon cœur, en despost auec elle;
Ie commis ce Thresor, à ta garde fidelle;
Sans doute tes bontez me l'auront conserué:
Mais peut estre elle sçait que ie suis arriué;
Pardonne donc Seigneur, à mon impatience,
Et si tu sçais aimer, excuse cette offence:
Il faut pour vne fois, en ce bien heureux iour,
Que ie face ceder, le respect à l'Amour.

I

SCENE

DIXIESME.

SOLIMAN.

HElas en quel defodre, eſt mon Ame affligée!
Quoy, i'oſe voir celuy, qui l'a tant obligée!
Quelle confuſion, s'empare de mes ſens!
Que veux tu Soliman, & qu'eſt-ce que tu ſents!
L'on te gaigne vn Eſtat, tu perds ta renommée!
L'on combat pour toy ſeul, ton Ame eſt enflamée!
L'on meurt pour ton repos, tu le perds auiourd'huy!
Ibrahim vainc pour toy, tu t'atacques à luy!
Il te donne vn Empire, & toy tu veux ſa vie!
Compare ſon ſeruice, auecques ton enuie;
Compare ſon deſir, auec ta volonté;
Et tu verras ton crime, & ſa fidelité.
Il te ſert, tu luy nuys! il s'aſſeure, on le trompe!
Il rencontre ſa perte, au milieu de ſa pompe!

Son retour glorieux, est suiuy d'vn grand deuil;
Et du Char de Triomphe, il descend au Cercueil!
Et tout cela perfide, est causé par ta flame,
Qui s'ataque à son Cœur, qui s'ataque à son Ame;
Qui veut iniustement, luy rauir son bon heur;
Et qui perd ce grand homme, en perdant ton honneur.
O superbes tesmoins, d'vne valeur insigne,
Dignes de ce grand cœur, & dont ie suis indigne;
Monumens eternels, d'vn bras victorieux;
Armes, Sceptre, Drapeaux, monstrez-vous à mes yeux:
Parlez moy de mon crime, & de son grand courage;
Aprenez moy comment il eut cét aduantage;
En combien de perils, il s'exposa pour moy;
Ce qu'il fit contre vous, ce qu'il fit pour son Roy;
Le sang qu'il respandit, & qu'il voulut respandre,
Au moment dangereux, ou son bras vous fut prendre;
A combien de Guerriers, il donna le trespas;
Soustenez ma Vertu, ne l'abandonnez pas;
Elle est seule, elle est foible, & mon ame est rebelle:
Mais n'entreprenez rien, s'il s'agit d'Isabelle.
Mon esprit la renoit, il ne vous veut plus voir:
Ce glorieux objet, à tousiours son pouuoir:
Qui peut viure sans elle, est indigne de viure:
Elle est, elle est charmante, il faut, il faut la suiure:
Bref il faut perdre tout; quoy, perdre le Visir!
Mais estre sans bon heur, mais auoir ce desir!

Eſtrange incertitude, ou mon eſprit apelle,
Iſabelle, Ibrahim, Ibrahim, Iſabelle:
Ou ie ſuy l'vn & l'autre, & les ayme tous deux;
Ou ie ne puis choiſir, ſans eſtre malheureux;
Si ie quite ſes yeux, c'eſt quiter ce que i'aime;
Si ie perds Ibrahim, c'eſt me perdre moy meſme;
Helas en cét eſtat, i'ay tout à redouter,
Et mon cœur ne ſçauroit, ny perdre, ny quiter.

Fin du ſecond Acte.

ACTE III.

ASTERIE, ISABELLE,
ROXELANE, RVSTAN, ACHOMAT,
SOLIMAN, IBRAHIM.

SCENE PREMIERE.

ASTERIE.

Lluſtre & noble erreur, tourment des belles
    Ames,
Amour, ſors de mon cœur, & porte ailleurs tes
    flâmes :
La raiſon me deffend, d'eſcouter tes propos,
Si ie veux conſeruer, ma gloire & mon repos.
Ne viens plus m'engager, dans vne réuerie,
Indigne du courage, & du rang d'Aſterie :
Quelque felicité, qu'eſprouuent les Amans,
La fille du Sultan, à d'autres ſentimens.

I iij

Elle n'a pour objet, que l'honneur & la gloire;
Va donc cruel Amour, & fors de ma memoire :
Ma vertu sçaura vaincre, vn injuste pouuoir,
Et toufiours me tenir, aux termes du deuoir.
Ie sçay bien qu'Ibrahim, est vn homme admirable;
Que sa haute vertu, le rend incomparable;
Que sa valeur triomphe, autant qu'elle combat;
Que nul autre vainqueur, n'eut iamais tant d'esclat;
Qu'il est par son courage, & par sa renommée,
Et l'ame de l'Empire, & celle de l'Armée;
Que ce dernier voyage, acheue son bonheur;
Qu'il en reuient chargé, de butin & d'honneur;
Qu'il a des qualitez, aimables & charmantes,
A meriter d'auoir des Reines pour Amantes;
Qu'il a beaucoup d'esprit, qu'il a beaucoup d'apas;
Mais quoy, ie sçay qu'il aime, & qu'il ne m'aime pas.
Ie sçay que dés long-temps, il adore Isabelle;
Qu'il est aussi constant, que sa Maistresse est belle;
Et comme il a raison, les Cieux me sont tesmoins,
Que s'il pouuoit m'aimer, ie l'estimerois moins.
Il auroit vn défaut, s'il deuenoit volage,
Indigne d'Asterie, & de son grand courage:
Non, non, pour ma victoire, il faut absolument,
Vn cœur qui n'ait brusté, que pour moy seulement.
Or celuy d'Achomat, est la seule victime,
Dont le beau sacrifice, est pur & legitime,

Mes Esclaues souuent, me parlent de sa foy;
Elles disent qu'il meurt, & qu'il brusle pour moy;
Et que depuis le temps, de la guerre des Perses,
Il a souffert cent maux, & cent peines diuerses.
Qu'il me vit, qu'il m'aima, qu'il m'aime sans me voir;
S'il est digne de nous, il le faut reçeuoir.
Oüy, c'en est fait Amour, & malgré tant de charmes,
Il faut que la raison, t'arrache enfin les armes.
Ie cherche son secours, & non pas ta pitié;
Ie passe de l'amour, a la seule amitié;
Ie regle mes desirs, au poinct qu'ils doiuent l'estre;
Et tu seras esclaue, ô toy qui fais le Maistre.
Oüy, ie veux acheuer, ce que i'ay commencé;
Pour quitter ce dessein, il est trop auancé:
Oüy, voyons le Sultan, & chassons de son Ame,
Ainsi que de la nostre, vne illicite flàme.
Mais voicy la Princesse, elle vient en ces lieux;
Ie t'ay banny du cœur, sors encor de mes yeux.

SCENE
SECONDE.

ASTERIE, ISABELLE, EMILIE.

ASTERIE.

IE ne demande point, qui fait couler vos larmes,
Ie connois la douleur, qui se mesle à vos charmes;
Mais i'ose demander, si le crime d'autruy,
Ne me mettra point mal, dans vostre Ame aujourd'huy:
Et si vous souffrireZ, que la fille d'vn Prince,
Qui vous fait abhorrer, cette triste Prouince,
Puisse vous dire encor, en voyant vos malheurs,
Qu'elle vient prendre part, à toutes vos douleurs?
Ou plustost au plaisir, qui va charmer vostre Ame,
Et qu'vn heureux retour, va ioindre à vostre flâme.

Vou

ISABELLE.

Vous le pouuez Madame; & par cette pitié,
Vous monstrez d'autant plus, vne ferme amitié,
Que moins vostre belle Ame, y doit estre obligée:
I'ay changé le Sultan, qui me rend affligée:
S'il ne m'auoit point veuë, il seroit genereux,
Vous seriez en repos, & luy seroit heureux:
Et vous esuiteriez, cette douleur amere,
Que sent l'ame bien née, à condamner vn pere.
Mais est-il impossible, en l'estat qu'est son cœur,
De monstrer la raison, à ce puissant vainqueur?
Ne trouuerons nous point, quelque chose qui m'àide,
Et qui soit à la fois, mon bien & son remede?
Par son propre interest, vous y deuez songer;
Par celuy d'Ibrahim, vous deuez m'obliger;
Il vous doit la clarté, i'en garde la memoire;
Faites, faites encor, qu'il vous doiue ma gloire:
Comblez-le de plaisir, en me comblant de biens,
Rompez encor mes fers, ayans rompu les siens,
Et par cette action, ô sage autant que belle,
Donnez à vostre nom, vne gloire immortelle.

ASTERIE.

Ouy, ie vous promets tout; mais ayez la bonté,
Vous qui du Grand Visir, tenez la volonté,

K

Vous pour qui ce grand cœur, à tant d'obeïſſance;
De ne le porter point, à chercher la vangeance.
Ie connois le Sultan, il le connoit auſſi;
Son cœur eſt ſuborné, quand il agit ainſi;
C'eſt le crime d'autruy, qui l'engage en ce crime;
Malgré l'iniuſte amour, l'amitié legitime,
Conſerue ſon pouuoir, quand voſtre œil le ſouzmet,
Et ſon cœur ſe repend, de l'erreur qu'il commet.

ISABELLE.

Helas le repentir, qui demeure inutile,
A proprement parler, n'eſt qu'vn champ infertile;
Qui connoit la Vertu, ſans ſuiure ſes apas,
Pecheroit beaucoup moins, s'il ne la voyoit pas.
Mais ie ſors du reſpect, & la douleur m'emporte;
Pardonnez moy Madame, & parlons d'autre ſorte.
Sçachez que le Viſir, ne peut iamais changer;
Qu'il ſeruiroit encor, bien loin de ſe vanger;
Que ſon cœur aprenant ce qu'on ne luy peut dire;
Aura de la douleur, & non de la colere;
Qu'il aimera touſiours, cét illuſtre Riual;
Et qu'il ne luy fera, ny deſplaiſir, ny mal.
Que bien qu'il puiſſe tout, parmy les gens de guerre,
Il ne s'en ſeruira, qu'à conqueſter la Terre;
Il ne s'en ſeruira qu'à porter en tous lieux,
Les Armes du Sultan, & ſon Nom glorieux.

ASTERIE.

Cet Illuſtré Baſſa, qui cherit Iſabelle,
M'auroit deſia bannie, & ſeroit auprez d'elle,
Il euſt deſia ſuiuy, ſon amoureuſe ardeur,
S'il n'eſtoit retardé, par vn Ambaſſadeur.
Mais ie vay deſcouurir, comme il eſt neceſſaire,
Ce qu'au cœur du Sultan, ſon retour à pû faire,
Quel eſt ſon ſentiment, & ſa confuſion,
Et vous ſeruir tous deux, ſelon l'occaſion.

ISABELLE.

O generoſité, qui n'eut iamais d'eſgalle!
Ceder ce que l'on aime, & ſeruir ſa Riualle!

K ij

SCENE

TROISIESME.

ROXELANE, RVSTAN, DEVX
ESCLAVES.

ROXELANE.

IL reuient! il Triomphe! & ie dois l'endurer!
Sa gloire & mon malheur, doiuent touſiours durer!
Et quoy, veu ſon orgueil, & mes peines diuerſes,
Il triomphe de moy ; bien pluſtoſt que des Perſes!
C'eſt moy qui perds le Throſne, auſſi bien que T'achmas,
C'eſt moy qui perds le Sceptre, en ne me vangeant pas.

RVSTAN.

Souffrez donc que i'acheue, & ſa vie & vos peines.

ROXELANE.

Non, non, sans perdre temps à ces paroles vaines,
Taschez de descouurir, ce que cét insolent,
Pensera d'vn amour, si prompt & violent :
De quel air il sçaura, le dessein de son Maistre ;
Et quel ressentiment, il en fera paraistre :
Car si nous l'obseruons, & tout ce qu'il dira,
Ie le verray punir, & l'on me vangera.

RVSTAN.

Croyez-vous qu'on luy die, & qu'Isabelle l'ose ?

ROXELANE.

Oüy ie le croy Rustan, l'amour fait toute chose.
Allez donc trauailler, a descouurir son cœur,
Afin de triompher, de l'orgueil d'vn vainqueur.
Pour moy, ie vay sçauoir auec beaucoup d'adresse,
Si Soliman suiura, l'Esclaue ou la Maistresse ;
Si son cœur amoureux, conserue son desir ;
Ou s'il a pu changer, au retour du Visir.
Allez donc ; attendez ; mon esprit imagine,
Vn moyen plus aisé, pour causer sa ruine.
Ie sçay que le Sultan, aime & croit Achomat ;
Taschons adroitement, d'en faire vn coup d'Estat ;

K iij

Ouy, ie sçay que l'Amour, regne en sa fantaisie;
Et ie la veux troubler, par vne ialousie.

VNE ESCLAVE

Il vient;

SCENE QVATRIESME.

ROXELANE, ACHOMAT, RVSTAN, DEVX ESCLAVES.

ROXELANE.

Rustan & moy, plaignions vostre malheur,
Et desplorions le sort des hommes de valeur.
Quoy, (disois-ie en parlant d'une valeur insigne,)
Vn autre aura le prix, dont ce grand cœur est digne!

TRAGI-COMEDIE. 79

Et l'aueugle faueur, sera cause aujourd'huy,
Qu'au mespris d'Achomat, on Triomphe de luy!
De luy, dont l'Ame illustre, est si grande & si forte!
Car vous sçauez sans doute, auec toute la Porte,
Comme le Grand Visir, qui paroist absolu,
Nous enleue Asterie, & qu'on la resolu
Qu'il l'espouse demain; & qu'il traicte en son Ame,
Isabelle en Esclaue, & la Sultane en femme.

ACHOMAT.

O Ciel, qu'ay-ie entendu!

ROXELANE.

Certes l'on vous fait tort!
Plaignez-vous Achomat, du Sultan & du sort.
Et pourquoy maintenant, s'amuser à des larmes?
Vn si fort ennemi, veut de plus fortes armes:
Dans vn mal si pressant, il faut tout hazarder;
Si vous ne vous aidez, rien ne peut vous aider:
Mais si vous voulez suiure, vn conseil necessaire,
Ie mettray souz vos pieds, cét heureux aduersaire.
Vous n'auez qu'à blasmer, sa conduite & son cœur;
Qu'à dire que sans doute, il trahit l'Empereur;
Dire qu'il a trop tost, abandonné la Perse :
Que pour se maintenir, il esleue & renuerse;

Qu'il ne conqueſte rien, que pour le perdre encor;
Qu'il ſeduit les Soldats, qu'il amaſſe vn Treſor;
Qu'il doit tout ſon Triomphe, a ſa bonne fortune;
Qu'on ne voit plus en luy, qu'une valeur commune;
Qu'il fut à la bataille, auec peu de vigueur;
Qu'il eſt Turc en l'habit, & Chreſtien en ſon cœur.

ACHOMAT.

Moy Madame! hâ changez vn diſcours ſi coupable!
C'eſt vne laſcheté, dont ie ſuis incapable:
Ie ſçay qu'il eſt heureux, & qu'il eſt mon riual;
Mais ie ſçay mieux encor, qu'il eſt mon General.
S'il s'engage au deſſein, ou mon amour m'engage,
Ie ſçauray l'attaquer, en homme de courage;
Mais non pas le trahir.

RVSTAN.

Ce moyen eſt plus doux;

ACHOMAT.

Il ne vaut rien pour moy, puis qu'il eſt bon pour vous.

ROXELANE.

Mais la Sultane enfin, va vous eſtre rauie;

ACHOMAT.

Sans expoſer l'honneur, i'expoſeray la vie.

RVSTAN

Pour ſauuer ce fantoſme, on perd tout ſon bonheur:

ACHOMAT.

Vous qui parlez ainſi, connoiſſez vous l'honneur?

ROXELANE.

Mais me connoiſſez vous, ne craignant point ma ha

ACHOMAT.

Ie connois mon deuoir, & la Sultane Reine.

RVSTAN.

Vous deuriez accepter, vn plaiſir ſans pareil:

ACHOMAT.

Rare & fidelle Amy, gardez voſtre conſeil.

ROXELANE.

Qui cede eſt ſans courage, & qui ſe rend eſt laſche:

L.

ACHOMAT.

Mais la main l'eſt pluſtoſt, qui frape & qui ſe cache.

RVSTAN.

Pour vaincre & pour regner, tout doit eſtre permis:

ACHOMAT.

C'eſt ainſi que Ruſtan combat ſes ennemis.

ROXELANE.

Vous ſortez du deuoir, & commettez vn crime:

ACHOMAT.

Pour vous, i'ay du reſpect; & pour luy, peu d'eſtime.

RVSTAN.

Hà c'eſt trop!

ACHOMAT.

c'eſt trop peu:

ROXELANE.

vous eſtes vn ingrat:

ACHOMAT.

N'ataquez point l'honneur, & perdez Achomat.

ROXELANE.

Et bien, pour vous punir d'vne audace si grande,
Ouy, ie vous perdray seul :

ACHOMAT.

i'ay ce que ie demande.

SCENE

CINQVIESME.

ACHOMAT.

HA faisons Triompher, en ce funeste iour,
La raison sur les sens, & l'honneur sur l'amour:
Si le sort me refuse, vne iuste victoire,
Il faut perdre Asterie, & conseruer ma gloire:
Il faut, il faut perir; mais en homme de bien,
Qui fait tout pour l'honneur, qui sans luy, ne fait rien.

SCENE
SIXIESME.

ISABELLE.

Qve i'ay l'esprit en peine, & l'ame inquietée!
Helas de quel costé, sera t'elle iettée?
Lors qu'vn penser la pousse, vn autre la retient;
Sa crainte se dissipe, & sa crainte reuient;
Oüy, ie perds la raison, dans vn si grand orage;
Et perds en mesme temps, la force & le courage;
Ie ne sçay que resoudre, en vn si grand effort,
Et ie ne voy par tout, que naufrage & que mort.
Ie songe à ce que i'ayme, à ce cœur qui m'adore;
Ie desire le voir, & ie le crains encore;
Ie me sents dans la glace, & ie me sents bruller;
Sans sçauoir si ie dois, ou me taire, ou parler.
O Dieu que dois-je faire, ô Dieu que dois-je dire!
Dans ces sentiers douteux, lequel doit on eslire!

L. iij

Si ie cache au Visir, l'amour de son Riual,
Ie luy fais vn outrage, en luy celant vn mal :
Et i'expose peut-estre, & ma gloire, & sa vie,
Aux dernieres fureurs, d'vne ialouse enuie.
Mais si ie luy descouure, vn iniuste dessein,
C'est luy mettre moy mesme, vn poignard dans le sein.
Car s'il ne peut celer, sa colere & sa haine,
C'est dire à Soliman, que sa deffence est vaine;
C'est irriter vn cœur, desia trop irrité;
C'est perdre la raison, & perdre la clarté;
C'est nous perdre tous deux, à faute de conduite;
Helas pauure Isabelle, ou te vois tu reduite!
Que si i'attends aussi, qu'vne seconde fois,
L'amour de Soliman, s'exprime par sa voix;
Qu'il descouure vn dessein, que i'auray voulu taire;
Que dira le Visir, qui verra ce mistere?
Il aura droit de croire, en voyant ce secret,
Mon esprit infidelle, aussi tost que discret.
Mais aussi d'autre part, si par bonne fortune,
Soliman n'auoit plus, vn feu qui m'importune;
Qu'vn bien heureux retour, eust conuerty son cœur;
Qu'il n'eust plus pour le mien, ny flame ny rigueur;
Que l'objet d'Ibrahim, eust remis dans son Ame,
La bonté, la raison, en esteignant sa flame;
Deurois-je publier, ce qui ne seroit plus?
Donner au grand Visir, des trauaux superflus?

Et par vne imprudence, inutile & cruelle,
Deſtruire ſon repos, & celuy d'Iſabelle?
Le perdre en me perdant, & porter l'Empereur,
Du repentir au crime, & puis à la fureur?
O dure incertitude, eſgallement funeſte.
Tu fais mon deſeſpoir, c'eſt tout ce qui me reſte.
Par tout ie voy la mort, mais ie la cherche auſſi;
O mon Iuſtinian! ha bon Dieu, le voicy!

SCENE

SEPTIESME.

IVSTINIAN, ISABELLE,

IVSTINIAN.

Vous fuyez vn Eſclaue, adorable inhumaine,
Qui vient chercher ſon Maiſtre, & reprendre ſa
chaine.

Mais ce discours est faux, mon cœur est trop ardant;
Il l'a tousiours portée, & mesme en commandant.

ISABELLE.

Puis que le Ciel permet, que le mien vous reuoye;
Il recompense trop, les malheurs qu'il m'enuoye:

IVSTINIAN.

Quoy, parler de malheur, quand vous me reuoyez!

ISABELLE.

Le sort est tousiours sort;

IVSTINIAN.

Ciel!

ISABELLE.

ou que vous soyez;

IBRAHIM.

Oüy, ie voy son pouuoir, en ma bonne fortune:

ISABELLE.

Mais la fortune change, & n'est pas tousiours vne;

IBRAHIM.

Si vous ne changez point, elle ne peut changer;
Et ie vous connois trop, pour craindre ce danger.

ISABELLE.

L'orage peut venir, sur les mers les plus calmes:

IBRAHIM.

Non, esuitez l'orage, à l'ombre de mes Palmes;
Ne craignez point la foudre, à l'abry des Lauriers;
Elle ne peut tomber, sur le front des Guerriers.

ISABELLE.

Helas veüille le Ciel, que cette humeur vous dure!
Sans que vous partagiez, les peines que i'endure.

IBRAHIM.

Oseray-je me plaindre, & me plaindre de vous ?
Quoy, vous paroissez triste, en des momens si doux!
Mon despart vous donnoit vne douleur extreme,
Mon retour auiourd'huy, vous en donne de mesme!
Ie reuiens, vous pleurez; ie triomphe, on me fuit;
Du faiste du bonheur, ou me voy-je reduit!

M

ISABELLE.

Bien que de changement mon cœur soit incapable,
Si la douleur est crime, Isabelle est coupable :
Mais le crime innocent, qu'elle fait en ce iour,
Ne trouue point sa cause, en vn deffaut d'amour.
L'habitude à rendu, mon humeur triste & sombre ;
Vn chagrin éternel, me suit comme mon ombre ;
Ie m'afflige aisément ; ie me console tard ;
Le plaisir en mes sens, n'a presque plus de part ;
Isabelle en ces lieux, ne sçauroit estre heureuse ;
Elle y préuoit l'orage, & la mer dangereuse.
Ce n'est pas qu'vn retour, qu'on ma veu desirer,
Ne plaise aux mesmes yeux, qu'il à tant fait pleurer ;
Il est tout mon espoir, comme il fut mon enuie ;
Sans luy certainement, i'allois perdre la vie ;
Mais bien que son pouuoir, soit, tousiours sans esgal,
Nous sommes en Turquie, & c'est tousiours vn mal.

IBRAHIM.

Il est vray ma Princesse, & mon cœur vous l'aduoüe :
La fortune nous tient, & peut tourner sa roüe :
Mais confessez aussi, qu'elle nous peut aider ;
Nous voulons la franchise, on peut nous l'acorder :
Et quel que soit enfin, le mal qui nous trauerse,

Nous en auons bien moins, que quand ie fus en Perse.
La Guerre estoit douteuse, & le sort dangereux;
I'y pouuois estre ensemble, & braue, & malheureux;
Estre batu, ceder, & perdre la victoire;
Perdre en vn mesme iour, la bataille & ma gloire:
Estre fait prisonnier, au lieu d'y conquerir;
Estre percé de traicts, y tomber, y mourir.
Mais rien de tout cela, n'ayant troublé ma ioye,
Prez de la liberté, qu'il faudra qu'on m'octroye,
Pourquoy cette douleur, qui vous fait souspirer,
N'ayant plus rien à craindre, & pouuant esperer,
Vous ne respondez rien, & ce morne silence,
Monstre que vostre cœur, souffre vne violence;
Quelle est cette douleur, qui paroist dans vos yeux?

ISABELLE.

Ha vissiez vous mon cœur! il vous la diroit mieux,

IBRAHIM.

Helas quel ennemy, vient encor nous poursuiure!
Suis-je heureux ou perdu? dois-je mourir ou viure?
Le Ciel & la fortune, auroient-ils inuenté,
Quelque nouuel obstacle, à ma felicité?
Hà monstrez moy Madame, vn malheur qu'on me cache,
Et quelque soit ce mal, faites que ie le sçache!

ISABELLE.

Ce n'est rien;

IBRAHIM.

ce n'est rien! ma constance est à bout;
Vous pleurez cependant, ce n'est rien, & c'est tout.
Hâ ne me celez point, ce qui vous a changée;
Dittes moy si quelqu'vn vous auroit outragée:
Si l'on vous a tenu quelque insolent propos;
En veut-on à vos iours, comme à vostre repos?
Auriez vous pû desplaire, à la Sultane Reine?
Auriez vous comme moy, quelque part en sa haine?
Son esprit violent, en veut-il à vos iours?
Rustan est-il meschant, comme il le fut tousiours?
Quel nouueau desespoir me prepare ce traistre?
Auroit-il pû changer, la bonté de mon Maistre?
A-t'il fait vn prodige, en me faisant ce mal?
Et ce grand Empereur, seroit-il mon Riual?
Non cela ne se peus: mais objet plein de charmes;
Que me disent vos yeux que me disent vos larmes?
Son cœur brusleroit il, dans cét iniuste feu?
Vous aimeroit-il trop? m'aimeroit-il si peu?

ISABELLE.

Pleuſt au Ciel Ibrahim, qu'il m'euſt autant bayé
Ouy, ma douleur vous parle, & mes pleurs m'ont trahie:
Et ie ne puis céler, apres tant de combats,
Ce qu'on m'a commandé, de ne vous dire pas.

IBRAHIM.

Cieux, quel mal doy-je craindre, & quel eſpoir me reſte!

ISABELLE.

Helas diſpenſez moy, d'vn diſcours ſi funeſte!
Croyez, croyez mes pleurs, qui vous parlent icy!

IBRAHIM.

Quoy Soliman vous ayme!

ISABELLE.

il me l'a dit ainſi.

IBRAHIM.

Il vous aime Madame, il vous aime!

ISABELLE.

& de sorte,
Que nous deuons mourir, car sa raison est morte.

IBRAHIM.

Quoy, ce Prince si bon, si grand, si genereux,
Deuient ingrat, perfide, & me rend malheureux,
Luy qui m'a tant aimé, veut m'oster Isabelle!
Luy qui sçait que mon cœur, ne peut viure sans elle!
Luy qui me la gardoit, luy seul pour qui mon bras,
A mis depuis trois mois, tant d'ennemis abas!
Luy de qui la bonté, parut toûsiours extrème!
Madame, apres cela, i'auray peur de moy mesme,
Ie crois certainement, que ie vous puis trahir,
Que ie vous puis quiter, que ie vous puis haïr,
Puis qu'vn Prince si bon, si sage, & si fidelle,
Viole en mon endroit, l'equité naturelle,
Trahit vne amitié, promise tant de fois,
Recompense si mal, tant d'illustres exploits,
Mesprise la Vertu, la raison, & sa gloire,
Et mesle à son esclat, vne tache si noire.
O raison, ô Vertu, Soliman, hâ l'ingrat !
Il me perd, & me doit, & le iour, & l'Estat,
Mais ie me plains à tort, c'est moy qui suis coupable,

Ie fçauois les efforts, dont vous eftiez capable,
Ie connoiffois vos yeux, ie fçauois leur pouuoir;
Ie fçauois qu'on ne peut n'aimer point, & vous voir;
Ouy, mon cœur le fçauoit, par fon experience;
Ie deuois me feruir, de cette connoiffance;
Et ne pas expofer, le fien a des regards,
Dont i'auois efprouué, les flâmes & les dards.
Hà ie fuis criminel, il faut qu'on me puniffe!
Que dis-ie! on me punit, & ie fuis au fuplice.

ISABELLE.

Des maux fi violens, deuroient eftre plus courts;
Hé Ciel, dans ce peril, n'eft-il point de fecours?

IBRAHIM.

Il en eft, il en eft, fi ie fuy mon enuie;
Soliman tient de nous, & le Sceptre, & la vie;
Il faut par intereft, & de gloire, & d'amour,
Luy rauir à la fois, & le Sceptre, & le iour.
I'ay pour ce grand deffein, les chofes neceffaires;
I'ay le bras, & le cœur, de tous les Ianiffaires;
L'Empire ne defpend, que de ma volonté;
Soyons donc fans refpect, puis qu'il eft fans bonté;
Puniffons, vangeons nous, allons à force ouuerte,
Perdre l'iniufte cœur, qui caufe noftre perte;

Et par vn grand exemple, à prendre aux Potentats,
A n'esbranler iamais, l'apuy de leurs Estats.
Mais l'oseray-ie dire? en ce courroux extréme,
Ie sents, ie sents mon cœur, agir contre soy-mesme.
Il aime encor ce Prince, inhumain comme il est;
Son amour fait son mal, son crime luy desplaist,
Mais auec tout cela, ie sents bien qu'il l'excuse;
Qu'il ne veut point sa perte, & qu'il me la refuse;
Punissez la foiblesse, en ce cœur enflâmé.

ISABELLE.

Vn si beau sentiment, ne peut estre basmé.
Mais parmy les malheurs, qui nous liurent la guerre,
Tranchez, tranchez le nœud, d'vn coup de cimeterre:
Ostez à Soliman, l'objet de son desir:
Enfin faites vn coup, digne d'vn Grand Visir.

IBRAHIM.

O Ciel, que dites vous! me traiter de Barbare!

ISABELLE.

C'est l'vnique remede, au mal qu'on nous prepare.

IBRAHIM.

Ce remede Madame, est pire que le mal:

Voyez

ISABELLE.

Voyez Constantinople, & quel est ce Riual.

IBRAHIM.

Helas c'est vn ingrat (Dieu l'oseray-je dire ,
Sans perdre le respect que l'on doit à l'Empire!)
Que ie puis renuerser, dans ma iuste fureur;
Et noyer dans son sang, ma haine & son erreur.
Mais i'aime mieux mourir, qu'auoir cette victoire;
N'imitons point son crime, & mourons dans la gloire.

ISABELLE.

O mon Iustinian!

IBRAHIM.

hâ Madame!

ISABELLE.

mes yeux,
Ont causé cette amour, & le courroux des Cieux.

IBRAHIM.

Ne vous accusez point, moy seul ay fait vn crime,

N

Dont le souffre auiourd'huy, la peine legitime,
Ie vous mis au Serrail;

ISABELLE.

mais i'y deuois mourir.

IBRAHIM.

Non, non, ie vy Madame, & puis vous secourir.

ISABELLE.

Ce mot me ressuscite, aussi bien que ma ioye.
Mais le Sultan........

IBRAHIM.

Madame, il faut que ie le voye.
Il faut que de ce pas, ie tasche adroitement,
De voir dans son esprit, quel est son sentiment.
Que s'il y garde encor, son iniuste follie,
Il faut nous desrober, & reuoir l'Itallie :
Le Bassa de la Mer, tient sa charge de moy;
Ie dispose de tout, & tout reçoit ma loy;
Icy tout agissant, par l'espoir du salaire,
Ie ne manqueray pas d'auoir vne Gallere;
Et vollant sur les flots, dés la prochaine nuit,
Nous nous deliurerons, sans desordre & sans bruit.

ISABELLE.

Dans vn si grand dessein, ie frissonne, ie tremble;
Mais il faut toutesfois, viure ou mourir ensemble.

IBRAHIM.

Si ie vis auec vous, que puy-ie desirer?

ISABELLE.

Si ie meurs auec vous, ie meurs sans murmurer.

Fin du troisiesme Acte.

ACTE IIII.

IBRAHIM, SOLIMAN,
ROXELANE, DEVX ESCLAVES DE LA
SVLTANE REINE, ACHOMAT, ASTERIE,
ISABELLE, EMILIE, RVSTAN, VN CAPIGI,
TROVPE DE IANISSAIRES.

SCENE PREMIERE.

IBRAHIM, SOLIMAN.

IBRAHIM.

Ve ne te doy-ie point Monarque incomparable!
T'a bonté me conserue vn objet adorable,
Qui fait tout mon bonheur, & ma felicité:
Ibrahim estoit mort, tu l'as ressuscité;
Car vois-tu rien de beau comme l'est Isabelle,
Rien d'esgal à ses yeux?

SOLIMAN.

hâ sans doute elle est belle!

IBRAHIM.

As tu bien obserué, cette charmante humeur?
Cét esprit si brillant, ce iugement si meur?

SOLIMAN.

Elle à des qualitez, à toucher vn Barbare!

IBRAHIM.

Comme son cœur est ferme, & sa constance rare;
(Car ie te l'ay conté ce me semble autrefois.)

SOLIMAN.

Oüy ie crois que son cœur, ne desment point ta voix.

IBRAHIM.

C'est de toy que ie tiens cette rare personne:

SOLIMAN.

Ie ne la donne point, c'est elle qui se donne.

IBRAHIM.

Mais ie tiens de toy seul, le plaisir de la voir:

SOLIMAN.

Ibrahim y peut tout, & i'y suis sans pouuoir.

IBRAHIM.

O quelle m'a parlé de ta garde fidelle !
Qu'elle s'en est loüée !

SOLIMAN.

& moy ie me plains d'elle,

IBRAHIM.

Hà ! laisse luy le bien, que tu veux luy rauir !

SOLIMAN.

Elle m'a refusé celuy de la seruir.

IBRAHIM.

Quoy ! pour l'amour de moy, te donner cette peine !

SOLIMAN.

Cette reconnoiſſance, eſt inutile & vaine :
Ie ſçay ce que ie ſuis, & ie voy ce qu'elle eſt;
Et ie ne fais le bien, que parce qu'il me plaiſt.

IBRAHIM.

O Dieu, que i'ay peu fait, en gagnant ces Trophées !
Toutes mes actions, demeurent eſtouffées;
Vois-les Seigneur, vois-les, & n'en fais point de cas;
L'Vniuers conqueſté, ne m'aquiteroit pas.

SOLIMAN.

Ne me les monſtre point, ie les porte dans l'ame :

IBRAHIM.

Seigneur, ce bel objet qui fait naiſtre ma flame,
Qui fait bruſler mon cœur, en des feux éternels,
Regrette l'Itallie, & les bords paternels.
Elle admire ta Cour, elle en connoit la gloire;
Mais ce puiſſant inſtinct, reuient en ſa memoire;
Pardonne à ſa foibleſſe, excuſe cette amour;
Conſents à ſon deſpart, & ſouffre ſon retour.

SOLIMAN.

Elle nous veut quiter! ce sejour l'importune!

IBRAHIM.

Dis qu'elle veut quiter, son bien & sa fortune.

SOLIMAN.

Ce dessein est iniuste, il faut la retenir.

IBRAHIM.

Mais on la recompense, au lieu de la punir.
Souffre que ce despart, qui n'est pas legitime,
Luy puisse estre à la fois, & chastiment, & crime.

SOLIMAN.

Elle nous veut quiter!

IBRAHIM.

Son esprit s'y resoud.

SOLIMAN.

Mais son iniuste esprit, ne songe pas à tout,
En ce temps, l'air est troublé, & la Mer orageuse.

IBRAHIM.

C'est ce que ie luy dis, mais elle est courageuse.

SOLIMAN.

Fais-là, fais-là parler, aux plus experts Nochers;
Monstre luy des escueils, fais luy voir des Rochers;
Et pour la retenir, pendant ces grands orages,
Fais perir des vaisseaux, monstre luy des nauffrages;
Romps ce triste dessein, fais luy peur du trespas.

IBRAHIM.

Elle m'a dit cent fois, qu'elle ne le craind pas:
Qu'on ne la peut changer, quand elle est resoluë.

SOLIMAN.

Enfin ie le deffends, de puissance absoluë.

O

IBRAHIM.

Il faut donc obeïr :

SOLIMAN.

& n'as-tu pas receu,
Vn ordre de ma part?

IBRAHIM.

non Seigneur, mais i'ay sçeu,
Qu'à l'vn de tes Courriers, la clarté fut rauie,
Et qu'en passant le Tigre, il y perdit la vie.

SOLIMAN.

O perte qui me perd! ô proiects superflus.

IBRAHIM.

Quel ordre estoit le tien?

SOLIMAN.

il ne m'en souuient plus.
Qu'on me laisse au Iardin, m'entretenir vne heure;
Mais fais sans y manquer, qu'Isabelle demeure.

SCENE SECONDE.

IBRAHIM.

HA! ie n'en doute point, ie connois ma douleur;
Ie vois esgalement, son crime & mon malheur;
Oüy l'iniuste qu'il est, à résolu ma perte;
I'ay leu dedans son cœur; i'ay veu son ame ouuerte;
Sa flame criminelle, à paru dans ses yeux;
Et sa confusion, l'a chassé de ces lieux.
Il connoit son erreur, il en à quelque honte;
Mais il suit toutesfois, cette erreur qui le dompte.
Vn si bon mouuement, est foible dans son cœur;
Auec peu de combat, le vice en est vainqueur.
Fais (m'a dit ce cruel) qu'Isabelle demeure:
Que ne dis-tu pluftost, fais que le Bassa meure;
Ingrat, qui me deuant & le Sceptre, & le iour;

Veux m'ofter la lumiere, en m'oftant mon amour.
Songe, fonge inhumain, à nos guerres paffées:
Tu vis cent bras leuez, & cent piques baiffées,
Qui n'en vouloient qu'à toy, lors qu'on m'y vit courir;
Ie te fauüé la vie, & tu me fais mourir!
Si mon ame cruel, pouuoit eftre cruelle,
Ie t'empefcherois bien, de m'ofter Ifabelle;
Ie t'empefcherois bien, de me faire ce tort;
Ie tiens en mon pouuoir, les Sceptres & la mort;
Ie t'arracherois l'vn, ie te donnerois l'autre;
Et l'on verroit alors, ta puiffance & la noftre:
Mais i'ay cette foibleffe, en mon reffentiment,
Que mon cœur ne fçauroit, te haïr feulement.
Cruel, ne te plains point, fi ie pars fans le dire;
Si i'emporte mes fers, ie te laiffe vn Empire:
Tu le tiens de ma main, & de cette façon,
Vn Empire & le iour, t'ont payé ma rançon.
Partons, il faut partir; ô rencontre importune!

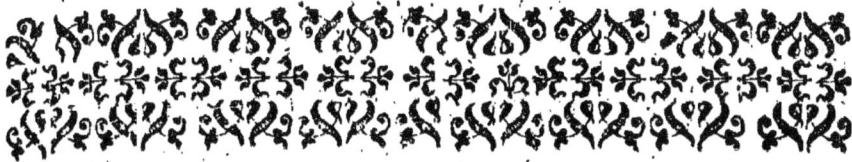

SCENE TROISIESME

ROXELANE, IBRAHIM, DEVX
ESCLAVES.

ROXELANE.

ENfin voſtre bon-heur, enchaîne la Fortune,
Vous reuenez vainqueur, vous Triomphez icyl

IBRAHIM.

I'y Triomphe Madame, & i'y languis auſsi.

ROXELANE.

Quoy, meſme la grandeur, pourroit eſtre ennuyeuſe?

O iij

IBRAHIM.

Oüy, la feule grandeur, ne fait pas l'ame heureufe.

ROXELANE.

Mais que peut-il manquer, à vos felicitez?

IBRAHIM.

Le repos que ie cherche, & que vous efuitez.

ROXELANE.

Les Nochers courageux, fe moquent de l'orage:

IBRAHIM.

Les prudents en ont peur, & craignent le nauffrage.

ROXELANE.

Qui pourroit vous deftruire, au point ou l'on vous voit?

IBRAHIM.

L'iniuftice Madame, & mon cœur la connoit.

ROXELANE.

Vous pouuez toute chofe, & tout cherche à vous plaire:

IBRAHIM.

Mais ie ne fay iamais, que ce que ie dois faire.

ROXELANE.

Enfin fi prés du Throfne, on vous voit affligé;

IBRAHIM.

En m'en laiffant plus loing, l'on m'auroit obligé.

ROXELANE.

A moins que d'eftre Roy, voftre ame noble & grande,
N'a point ce qu'elle vaut, ny ce qu'elle demande.

IBRAHIM.

Ma main donne le Sceptre, & n'en veut point porter.

ROXELANE.

Il fuffit aux grands cœurs, d'en pouuoir meriter:
Mais le Sultan fçaura, que le voftre eft modefte.

IBRAHIM.

Voftre rare bonté m'eft affez manifefte.

ROXELANE.

Oüy, ie vous seruiray, comme vous le pensez:

IBRAHIM,

Ie preuoy l'aduenir, par les effects passez:

SCENE

QVATRIESME.

IBRAHIM,

O Ciel! tout m'est contraire! ô Ciel, tout me menace!
Cette Mer n'a pour moy, ny calme, ny bonace;
Le danger m'enuironne, & par tout vn escueil,
Offre à mes tristes yeux, la mort & le cercueil.
Ie crains, & le Sultan, & la Sultane Reine;
De l'vn, ie crains l'amour, & de l'autre la haine;

Par diuers sentimens, ils vont à mesme fin;
Et i'auray de tous deux, vn tragique destin.

SCENE

CINQVIESME.

IBRAHIM, ISABELLE, EMILIE.

IBRAHIM.

Partons, partons Madame, il n'est plus d'esperance :
Mon Thresor au Serrail, n'est pas en asseurance ;
L'on connoit sa valeur, l'on me le veut oster ;
Et n'esperant plus rien, i'ay tout à redouter.
Au cœur de Soliman, la bonté diminue ;
Son amitié finit, son amour continue ;
Ie l'ay veu dans ses yeux, comme dans ses discours ;
Et la fuite est enfin, nostre vnique secours.

P

ISABELLE.

Fuyons fans plus tarder, & quoy qu'il en arriue,
Quitons, & promptement, cette funefte riue :
Le feu de Soliman, eft pire que les eaux,
Quand mefme dans la Mer, on verroit nos tombeaux.

IBRAHIM.

Helas que ferons nous? dois-ie mourir ou viure?
Si pour noftre malheur, ce Prince nous fait fuiure,
Vous iray-ie expofer, à la grefle des dards,
Qui pendant vn combat, tombent de toutes parts?
Vous iray-ie expofer, à l'horrible furie,
Des boulets foudroyans de leur Artillerie?
Mettray-ie vos beaux iours, à la mercy du fort?
D'y penfer feulement, i'en mourrois, i'en fuis mort.

ISABELLE.

Non, non, ne craignez pas, ce qui n'eft pas à craindre :
Si ie meurs prés de vous, ie mourray fans me plaindre :
I'auray (puis qu'il s'agit de l'honneur & de vous)
Le cœur d'vne Amazone, aux plus horribles coups.
Allons, que tardons nous? allons ou nous apelle,
Le deuoir d'Ibrahim, & celuy d'Ifabelle.
Suiuons-le ce deuoir, en partant de ces lieux ;

Et laiſſons noſtre ſort, & l'aduenir aux Cieux.

IBRAHIM.

Suiuray-ie mon deſir? ſuiuray-ie voſtre enuie?

ISABELLE.

Deuez vous balancer, mon honneur & ma vie?

IBRAHIM.

Doy-ie vous expoſer?

ISABELLE.

ne m'expoſez vous pas,

Si nous ne partons point, à plus que le treſpas?

IBRAHIM.

Haſarder voſtre ſang!

ISABELLE.

mais haſarder ma gloire!

IBRAHIM.

Vous perdre, ô iuſte Ciel.

ISABELLE.

non, gagner la victoire;
Le Ciel sera pour nous, il vous rendra vainqueur.

IBRAHIM.

Ie manquerois d'amour, si ie manquois de cœur.
Allons, vous le voulez, & i'y consents Madame:
Desia pour nous s'apreste, & la voile, & la rame;
Le Bassa de la Mer, à fait ce que ie veux.

ISABELLE.

Donne le vent propice, ô Ciel! entends nos vœux.
Hastons nous Ibrahim, desia la nuit s'aduance,
Et nous auons besoin, de l'ombre & du silence.

IBRAHIM.

Le Sort en est ietté, qu'il nous guide auiourd'huy:

ISABELLE.

Mais inuoquons la main, qui dispose de luy.

IBRAHIM.

SCENE SIXIESME.

ROXELANE, RVSTAN, DEVX ESCLAVES.

ROXELANE.

IL songe (dites-vous) à partir de la Porte!

RVSTAN.

L'Esclaue suborné, l'asseure de la sorte.
Il m'a dit qu'il à veu le Bassa de la Mer,
Luy mettre vne Gallere, en estat de ramer,
Malgré cette saison, & malgré la tempeste.
Qu'Ibrahim est pensif, qu'Isabelle s'apreste;

P iij

Et celuy qui vous sert, & qui les à trahis,
Croit qu'ils nous vont quiter, & reuoir leur païs.

ROXELANE.

Non, non, ie ne crois point, qu'il aille à sa Patrie:
Il s'en va dans Alep, ou dans Alexandrie,
Y sousleuer le Peuple, & les Soldats aussi,
Pour aporter la guerre, & le desordre icy.
Ie connois son orgueil, ie connois sa puissance;
Ie preuoy l'aduenir, par cette connoissance;
Comme il à tout gagné, par l'excez de ses dons,
Sans doute il nous perdra, si nous ne le perdons.
Il à veu le Sultan, il à sceu d'Isabelle,
L'outrage qu'on luy fait, l'amour qu'on à pour elle;
Et pour se soulager en son affliction,
Il suiura son despit, & son ambition.
C'est sans doute vn conseil, que la raison luy donne;
Car il saune vne Amante, & gagne vne Couronne:
Mais scachant son dessein, faisons à nostre tour,
Qu'il perde l'vne & l'autre, aussi bienque le iour.

RVSTAN.

Que faut-il que ie face? ordonnez-le Madame;

ROXELANE.

Ie connois le Sultan, & ſçay quelle eſt ſa flame;
Il ne faut qu'exciter, vn ſentiment ialoux,
Et ſa colere apres, n'agira que pour nous:
Ie m'en vay luy porter, cette heureuſe nouuelle.

VNE ESCLAVE,

Le voila;

SCENE
SEPTIESME.

ROXELANE, SOLIMAN, ASTERIE,
RVSTAN, DEVX ESCLAVES.

ROXELANE.

Quoy Seigneur, l'on nous oſte Iſabelle?
Ta Hauteſſe auiourd'huy, nous fait ce deſplaiſir?

Car sans doute elle sçait le dessain du Visir.
Ce n'est que par son ordre, & dessous sa licence,
Que ces heureux Amans, meditent leur absence;
Mais puis que tu consens, qu'ils partent de ce lieu,
Fais qu'Isabelle au moins, nous vienne dire adieu.

SOLIMAN.

Ils partent dites-vous!

RVSTAN.

ouy, la chose est certaine,
Et c'est moy qui l'ay dite, à la Sultane Reine.

SOLIMAN.

Ils partent!

RVSTAN.

ouy Seigneur;

ROXELANE.

il veut nous l'enlever!

SOLIMAN.

Allez dire au Visir qu'il me vienne trouuer.

SCENE HVICTIESME.

SOLIMAN, ROXELANE, ASTERIE, DEVX ESCLAVES.

SOLIMAN.

O Ciel, qui l'auroit creu! partir sans me le dire!
Sans mon consentement, sortir de mon Empire!
Luy que i'ay tant aimé! luy qui regne aprés moy!

ROXELANE.

Ceux de sa Nation, n'ont iamais eu de foy.

SOLIMAN.

Luy qui tient dans l'Estat, la seconde puissance!

Q

ROXELANE.

Defrober vne Efclaue! ô Dieu quelle infolence!

SOLIMAN.

Quoy, partir! nous quiter! le cruel! l'inhumain!

ROXELANE.

Enleuer vne Efclaue! & qu'il tient de ta main!

ASTERIE.

Ne le condamne pas, auant que de l'entendre.

ROXELANE.

Mais il vous quitte aufsi, voulez vous le deffendre?

ASTERIE.

Ie deffends la Vertu, que l'on attaque en luy:

SOLIMAN.

O Ciel! ô iufte Ciel! qui croiray-je auiourd'huy?

ROXELANE.

La verité Seigneur, qui te fera connuë:

ASTERIE.

Mais garde de la voir, à trauers vne nuë.

SOLIMAN.

Il peut n'obeïr pas, m'entendant commander:

ROXELANE.

Quoy, rauir vne Esclaue! & sans la demander!

ASTERIE.

Il t'a si bien seruy;

SOLIMAN.

ie m'en souuiens encore:

ROXELANE.

Il enleue Isabelle;

SOLIMAN.

& c'est ce que i'abhore.

Q ij

ASTERIE.

Il te sauua le iour;

SOLIMAN.

ie m'en souuiens aussi :

ROXELANE.

Il fuit en Italie,

SOLIMAN.

il faut qu'il meure icy.

ASTERIE.

Mais tu serois ingrat;

SOLIMAN.

ie ne veux iamais l'estre :

ROXELANE.

Mais il part cependant;

SOLIMAN.

il en mourra le traiftre.

SCENE NEVFIESME.

RVSTAN, SOLIMAN, ROXELANE, ASTERIE, DEVX ESCLAVES.

RVSTAN.

LE Grand Vifir n'eft plus à fon Apartement:
I'ay trouué ce Billet;

SOLIMAN.

lifons le promptement.

Q iij

Billet d'Ibrahim à Soliman.

IE crois quiter le iour, en quitant ton Empire;
  Mon cœur en est en peine, & ma bouche en soûpire;
Ie perds en t'esloignant, & la force, & la voix;
Mais pour me consoler, tu sçais que ie le dois.
Le respect me deffend, d'en dire d'auantage;
Examine ton Ame, & connois mon courage;
Et sans te laisser vaincre, à l'iniuste fureur,
Plains moy s'il est possible, adieu, Grand Empereur.

Hà Rustan s'en est fait, l'ingrat nous abandonne!
Il vse insolemment, du pouuoir qu'on luy donne;
Il mesprise les biens, qu'il à receus de nous;
Et mesprise auec eux, ma haine & mon courroux.
Il part sans me le dire! ô Dieu quelle insolence!
Va le suiure Rustan, mais auec diligence:
Depuis le peu de temps, que le traistre est party,
A peine du Serrail, il peut estre sorty.
Suy, suy le plus cruel, de tous mes aduersaires;
Prends les plus resolus, de tous les Ianissaires;
Va faire par mon ordre, vn genereux effort;
Meurs en cette entreprise, ou le prends vif ou mort.

RVSTAN.

I'obferueray cét ordre, ou i'y perdray la vie.

SOLIMAN.

Et remets au Serrail, celle qu'il à rauie.

SCENE
DIXIESME.

ROXELANE, SOLIMAN, ASTERIE,
DEVX ESCLAVES.

ROXELANE.

S'Il prefere Seigneur, fon intereft au tien,
Pourquoy s'en eftonner? il eft lafche, & Chreftien.

SOLIMAN.

L'ingrat me doit le iour, l'ingrat me doit fa gloire,
Et l'ingrat me fait voir, qu'il en perd la memoire;
Il ne luy fouuient plus, que ie l'ay tant aimé.

ASTERIE.

Mais fouuiens toy Seigneur, qu'il t'a tant eftimé.

ROXELANE.

L'on fe rend criminel, en deffendant le crime.

ASTERIE.

Ses feruices paffez, ont fait voir fon eftime.

SOLIMAN.

Il me quite!

ROXELANE.

Sois iufte;

ASTERIE.

& fois clement auffi,

SOLIMAN.

O Ciel, fais que ie meure, ou qu'il reuienne icy!

SCENE
VNZIESME.

IBRAHIM, VN CAPIGI, TROVPE
DE IANISSAIRES, RVSTAN,
ISABELLE, EMILIE.

IBRAHIM.

IE ne me rendray point, qu'en perdant la lumiere.

RVSTAN.

Vne seconde faute, augmente la premiere :
Mais escoute Ibrahim, ie iure par Alla,
Par nostre Grand Prophéte, & le pouuoir qu'il à;
Que si tu ne te rends, vn coup de Cimeterre,
Va finir à tes yeux, ses iours, & cette guerre.

R

Oüy, par là seulement, tu la peux secourir.

ISABELLE.

Non, non, deffends ta vie, & me laisse mourir.

IBRAHIM.

Arreste malheureux, & respecte ses charmes :
Ie presente les mains, & ie iette mes armes :
Donne, donne des fers, quoy qu'il puisse arriuer ;
Car ie ne combatois, qu'afin de la sauuer.
Mais fais qu'elle soit libre, & redouble mes peines ;
Et que ie porte seul, & ses fers, & mes chaisnes.

RVSTAN.

Qu'on l'attache Soldats;

IBRAHIM.

accable moy de fers;
Adiouste le trespas, aux maux que i'ay soufferts;
Inuente des tourments; inuente des suplices;
Si ie les souffre seul, ce seront mes delices.

ISABELLE.

O Ciel, qu'auez vous fait? quel espoir m'est permis!
Vous laissez Isabelle, entre vos ennemis.

IBRAHIM.

I'ay fait ce que l'amour, m'a conseillé de faire.

RVSTAN.

Il faut que i'aille prendre, vn ordre necessaire
De la Sultane Reine, attendez moy Soldats ;
Obseruez les tousiours, & ne les quitez pas.

SCENE
DOVZIESME.

ISABELLE, IBRAHIM, EMILIE,
VN CAPIGI, TROVPE DE IANISSAIRES.

ISABELLE.

HElas Iustinian, si i'estois asseurée,
Que pour moy seulement, la mort fust preparée ;

R ij

Qu'elle m'attendiſt ſeule, & qu'elle fuſt enfin,
La derniere rigueur, du Ciel & du Deſtin;
Ie la regarderois, au mal qui m'importune,
Pluſtoſt comme vn bonheur, que comme vne infortune.
Mais quoy, la cruauté de nos perſecuteurs,
Pour augmenter des maux, dont ils ſont les autheurs,
Eux qui ſçauent (au point où mon ame eſt charmée,)
Que ie ne crains la mort, qu'en la perſonne aimée,
M'ataqueront en vous, pour mon dernier malheur;
Et c'eſt Iuſtinian, ce qui fait ma douleur.

IBRAHIM.

Ne craignez rien pour moy, craignez pour Iſabelle;
Et conſeruez ſes iours, puis que ie vis en elle.
Soliman vous eſtime, & vous aime à tel point,
Qu'il aura ſoin de vous, en ne l'irritant point.
Tachez de le flechir, contentez mon enuie;
Car ma mort me plaira, s'il ſauue voſtre vie.

ISABELLE.

Non, non, ſi ie viuois, l'on m'en deuroit punir;
Ce n'eſt pas le chemin, que mon cœur veut tenir.
Vos conſeils obligeants, s'ataquent à ma gloire;
Et vous me blaſmeriez, ſi ie les pouuois croire.

Ie ne veux demander, par vn dessein plus beau,
Que le mesme suplice, & le mesme tombeau.

IBRAHIM.

N'augmentez point mes maux, Princesse genereuse:
Ne parlez que de viure, & d'estre plus heureuse:
Mais ne parlez iamais, d'accompagner mes pas;
Car c'est me vouloir perdre, & haster mon trespas.
Viuez chere Isabelle, & viuez dans la ioye:
Laissez moy tous les maux, que le destin m'enuoye:
Ne les partagez point, veüillez vous secourir,
Viuez chere Isabelle, & me laissez mourir.
Rendez, rendez Iustice, à vos rares merites.

ISABELLE.

Helas, songez vous bien, à ce que vous me dittes?
Que ie viue cruel, sans vous, & sans bonheur!
Que ie viue inhumain, sans vous, & sans honneur!
Ha! non, non, Isabelle, est bien plus équitable;
Sans vous, & sans honneur, le iour m'est redoutable;
Ie puis viure sans biens, & sans vn sort plus doux;
Mais ie ne viuray point, sans honneur, & sans vous.

IBRAHIM.

O grand cœur! ô Vertu! quel malheur est le nostre!

R iij

ISABELLE.

Et si l'iniuste Prince ataque l'vn ou l'autre,
Ie ne balence point, ie n'ay qu'vn seul desir;
Et la raison m'aprend, ce que ie dois choisir.

IBRAHIM.

O supresme Vertu, dont mon amie est charmée!
Helas, pourquoy faut il, que ie vous aye aimée?
Helas dans nos malheurs, que ne m'est il permis,
De me conter encor, entre vos ennemis!
Vous seriez en repos, & ie serois sans peine;
Car pour vous, mon amour, est pire que ma haine.
Mais que dis-ie insensé! si i'ay du repentir,
Ie merite les maux que l'on me voit sentir.
Non, non, Madame non, ie m'en trouue incapable;
Ie voudrois de vos maux, ne me voir point coupable,
Ie voudrois tout souffrir, & mesme le trespas;
Mais ie ne puis vouloir, ne vous adorer pas.

ISABELLE.

Cét iniuste souhait, seroit sans doute vn crime:
Nostre amour est trop pure, elle est trop legitime:
Si le Ciel nous afflige, & s'il nous fait finir,
C'est pour nous espreuuer, & non pour nous punir.
Mais mon Iustinian, auant qu'on nous separe,

(Car nous allons souffrir, ce traitement barbare;)
Songez à nostre amour, & puis promettez moy,
De ne douter iamais d'elle, ny de ma foy.
De ne croire iamais, ce qu'on vous dira d'elle,
Si l'on vous parle mal, de la foy d'Isabelle.
L'artifice ennemy, peut vous la desguiser,
Mais ie mourray plustost, que de la mespriser;
Oüy, ie vaincray le sort, dont elle est poursuiuie.

IBRAHIM.

Et ie mourray cent fois, pour vous sauuer la vie.

ISABELLE.

Non, ne separons point nos destins desormais;
Et viuons, ou mourons, sans nous quiter iamais.

IBRAHIM.

Souffrez mes compagnons, souffrez en cette place,
Que ce soit à genoux, que ie luy rende grace.
O cruelle fortune!

ISABELLE.

ô destin inhumain!

IBRAHIM.

Que ne m'eſt-il permis, de vous baiſer la main!
Et d'y laiſſer la vie, & mon ame affligée!

ISABELLE.

Ô mort, en te haſtant, tu m'aurois obligée!

IBRAHIM.

Souffrez que ie l'aproche;

VN CAPIGI.

arreſtez;

IBRAHIM.

iuſtes Cieux!

ISABELLE.

He laiſſez nous au moins, la liberté des yeux!
Iuſtinian;

IBRAHIM.

Madame;

ISABELLE.

ayez plus de constance.

SCENE

TREIZIESME.

RVSTAN, IBRAHIM, ISABELLE,
EMILIE, VN CAPIGI, TROVPE
DE IANISSAIRES.

RVSTAN.

Soldats qu'on les separe:

S

IBRAHIM.

ô cruelle ordonnance!

ISABELLE.

Faut-il que ie le quite!

IBRAHIM.

& faut il la quiter!

ISABELLE.

Ne puy-ie te flechir?

IBRAHIM.

ne puy-ie t'irriter?

ISABELLE.

Ciel, il est enchainé, sous ses propres Trophées!

RVSTAN.

Oüy, ses pretentions, y seront estouffées;
Marchez, marchez Soldats, ostez-les de ce lieu:

ISABELLE.

Adieu Iuſtinian.

IBRAHIM.

mon Iſabelle, adieu,

Fin du quatrieſme Acte.

ACTE V.

SOLIMAN, ROXELANE,
RVSTAN, DEVX ESCLAVES DE LA
SVLTANE REINE, LE MVPHTI, ASTERIE,
ACHOMAT, DEVX CAPIGIS, IBRAHIM,
ISABELLE, EMILIE, TROVPE DE IANISSAIRES,
QVATRE MVETS.

SCENE PREMIERE.

SOLIMAN.

IL me trompe! il me quite! il part! il est rebelle!
Il mesprise son Maistre! il enleue Isabelle!
Il prefere en son cœur, sa flame à son deuoir!
Qu'il soit, qu'il soit puny, si ie puis le reuoir.
Helas que dois-ie faire, en l'excez de mes peines,
De cét Esclaue ingrat, qui brise & rompt ses chaisnes?

Apres tant de faueurs, il me manque de foy!
Il néglige le rang, qu'il à receu de moy!
Tant de marques d'honneur, & de ma bienueillance,
Ne peuuent l'obliger à quelque complaisance!
Il sort de mon Empire! il part sans mon adueu!
O Ciel, pour le punir, le trespas est trop peu.
Ingrat, mesconnoissant, qui choques mon enuie,
Souuiens toy pour le moins, que tu me dois la vie:
Et que tant de grandeur, & que tant de bonté,
Te deuoient obliger, à la fidellité.
Mais ce lasche prefere, en son cœur qui souspire,
Son erreur au deuoir, & sa flame à l'Empire:
Il connoit mes tourmens, sans en auoir pitié;
Il prefere vne Esclaue, aux loix de l'amitié;
Et peut estre qu'encor, celuy qui m'abandonne,
Aussi bien qu'à mon cœur, en veut à ma Couronne:
Qu'il meure donc, qu'il meure, en ce funeste iour,
Et par raison d'Estat, & par raison d'amour.
Comme Sujet perfide, il faut qu'on le punisse;
Comme Esclaue qui fuit, il merite vn suplice;
Comme ingrat & Chrestien, son crime est capital;
Il est perfide, Esclaue, & Chrestien, & Riual;
Ainsi qu'il meure donc, cét objet de ma haine,
Et finissons d'vn coup, & ses iours, & ma peine.
Ha songe Soliman, au dessein que tu fais!
Celle que tu cheris, ne t'aimera iamais,

Si tu perds cét Amant que l'amour luy fait suiure :
Mais peut elle t'aimer, tant qu'on le verra viure?
Non, non, il faut qu'il meure, il s'oppose à mon bien ;
Si l'on ne m'aime pas, l'on n'aimera plus rien ;
Ie ne perdray pas seul, le plaisir ou i'aspire.
Mais tu perds Ibrahim, à qui tu dois l'Empire !
Mais ie perds vn Riual, & plus heureux que moy ;
Mais ie perds vn Captif, qui me manque de foy ;
Mais i'esuite vn malheur, ou cét ingrat me range ;
Mais i'ay deux grands plaisirs, ie punis, ie me vange ;
Qu'il meure donc, qu'il meure, & puis qu'il l'a voulu,
Qu'il sente les effects, d'vn pouuoir absolu ;
S'en est fait, il le faut, sa perte est necessaire.

SCENE
SECONDE.

ROXELANE, RVSTAN, SOLIMAN,
DEVX ESCLAVES.

ROXELANE.

SEigneur, nous le tenons, ce perfide aduersaire;
Qu'il meure ce rebelle, on connoit son dessein;
Et tes Soldats l'ont pris, les armes à la main.

RVSTAN.

Et quoy qu'il sceust mon ordre, il eut cette insolençe.

SOLIMAN.

O destin! ô bonheur! ô plaisir! ô vengeance!

ROXELANE.

L'intereſt de l'Eſtat, veut ſa perte auiourd'huy;
Enfin ta Majeſté, doit tout craindre de luy;
Car ſa main liberalle, aytant qu'intereſſée,
A ſuborné du peuple, vne troupe inſenſée,
Qui iuſqu'en ton Serrail, s'il l'ordonnoit ainſi,
Viendroit porter la flame, & ſa fureur auſſi.

RVSTAN.

D'autre part, les Soldats qu'il conduit à la guerre,
Qui penſent que ſon bras, peut conqueſter la Terre;
Qu'il fait ainſi qu'vn Dieu, l'vn & l'autre deſtin;
Et qu'il peut leur donner, l'Vniuers pour butin;
Pourront ſe reuolter, en faueur de ce traiſtre,
Si ta main ne le perd, ſi tu n'agis en Maiſtre.

ROXELANE.

Il prefera touſiours, ſon intereſt au tien;
Il fait le Muſulman, & ſon cœur eſt Chreſtien;
Charles leur Empereur à gaigné ce perfide;
Il conduit tes Soldats, mais vn autre le guide;
Et pour te reculler, du Danube & du Rhin,
Son adreſſe t'engage, en des guerres ſans fin.

RVSTAN.

Oüy Seigneur, cét ingrat à cent ruses diuerses;
Luy mesme ayant vaincu, fait reuolter les Perses;
Et les grands & longs maux, qui trauaillent l'Estat,
N'auront iamais de fin, qu'en celle d'vn ingrat.

SOLIMAN.

Le Chasteau des sept Tours, ou ceux de la Mer noire,
Peuuent le conseruer, & conseruer ma gloire;
Il est assez puny, d'vne longue prison.

ROXELANE.

Tu veux le conseruer, & perdre la raison!
Crains, crains plustost Seigneur, ayant fait voir ta haine,
Vn Lion irrité, qui peut rompre sa chaisne.

RVSTAN.

Comme il est sans respect, ce mal peut arriuer.

ROXELANE.

Il enleue vne Esclaue, & tu veux le sauuer!
Il l'enleue au Serrail, & mesme en ta presence!

T

SOLIMAN.

Et bien, qu'on le puniſſe;

ROXELANE.

allez en dilligence
Executer cèt ordre;

SOLIMAN.

arreſte, on ne le peut;
Il faut, il faut qu'il viue, & le deſtin le veut!
O malheur! ie me nuis, quand rien ne me peut nuire!
Ie tiens mon ennemy, ſans le pouuoir deſtruire!
Son ſort eſt en mes mains, & ie ſuis ſans pouuoir!
Ie puis cauſer ſa mort, & ie ne la puis voir!
Ie le veux, & le puis; & par vn ſort eſtrange,
Ie ne puis l'endurer, ny ſouffrir qu'on me vange!
Ie le veux, & le puis, mais inutilement;
Il faut que ie le ſauue:

ROXELANE.

O Dieu, quel changement!

RVSTAN.

Non Seigneur, la clarté luy doit estre rauie:

SOLIMAN.

Arreste encor vn coup, il y va de ma vie.

ROXELANE.

D'où vient ce changement, tant indigne de toy?

SOLIMAN,

Il vient de mon malheur:

RVSTAN.

ô Ciel!

SOLIMAN,

escoutez moy.
Autrefois quand l'ingrat qui fait que ie soupire,
M'eut conseruè le iour, aussi bien que l'Empire;
Son cœur me tesmoigna, par diuers sentimens,
Qu'il connoissoit la Porte, & ses grands changemens:
Et qu'il craignoit qu'vn iour, la Fortune inconstante,

T ij

Ne le precipitaſt, d'vne cheute importante.
Que plus il eſtoit Grand, moins il eſtoit heureux;
Et que des lieux ſi hauts, ſont touſiours dangereux.
Alors pour l'aſſeurer, & bannir la penſée,
Dont ma reconnoiſſance, eſtoit trop offencée,
Ie iure par Alla (dis-je en le releuant)
Que tant que Soliman, ſera Prince, & viuant,
Tu ne mourras iamais, d'vne mort violente.
Voila par ou me prend, la Fortune inſolente:
C'eſt le plus dangereux, de tous mes ennemis,
Mais il faut le ſauuer, puis que ie l'ay promis.
La parolle des Roys, doit eſtre inuiolable;
Oüy, quiconque eſt pariure, eſt vn abominable;
I'ay iuré par Alla, le Dieu de l'Vniuers;
Ie crains les Anges noirs, & redoute leurs fers.
Mon ſerment me fait peur; ainſi quoy qu'il arriue,
En deuſſay-ie perir, il faut, il faut qu'il viue;
Moy meſme ie me perds, moy meſme ie me nuis;
Mais ſauuer & ſouffrir, eſt tout ce que ie puis.

RVSTAN.

O Ciel cette grande Ame, auoir vn tel ſcrupule!
Auoir vne frayeur, & foible, & ridicule!
Craindre les Anges noirs, en cette occaſion,
Et ſauuer vn perfide, à ſa confuſion!
La Pieté des Roys, doit eſtre d'autre ſorte;
Hà Seigneur, ta prudence enfin eſt elle morte?

ROXELANE.

Pour moy, ie crainds le Ciel, ainsi que Soliman;
Mais comme le Visir, est mauuais Musulman,
Ie crois que sans scrupule, on peut perdre ce traistre,
Qui desrobe vne Esclaue, & qui trompe son Maistre.

SOLIMAN.

Violler en perfide, vn serment solemnel !
Pour le crime d'autruy, me rendre criminel !
Offencer le Prophette, & le Dieu que i'adore !
Non, non, ie vous l'ay dit, & vous le dis encore;
En l'estat qu'est la chose, en l'estat qu'est mon sort,
Il faut le laisser viure, & desirer sa mort !
Et malgré les effects, de mon impatience,
Il faut songer au Ciel, comme à sa conscience.

ROXELANE.

Mais auant que choisir, l'vn ou l'autre party,
Ne precipite rien, consulte le Muphti;
Il est dans le Serrail:

SOLIMAN.

va Rustan, fais qu'il vienne.

ROXELANE.

Il sçait que sa puissance, est l'effect de la mienne,
Dis luy donc qu'il s'aquite, ou que ie le perdray.

. . . . .

SCENE
TROISIESME

SOLIMAN, ROXELANE,
DEVX ESCLAVES.

SOLIMAN.

O Ciel, inspire moy, ce que ie resoudray!
Dans cette desplorable, & funeste auanture,
I'ay le cœur à la gesne, & l'ame à la torture.
Vn secret mouuement, me porte à la fureur;

Vn secret mouuement, me donne de l'horreur;
Ie cherche la vengeance, & puis ie l'aprehende;
Et mon cœur incertain, ne sçait ce qu'il demande.
Ie sents de la colere, & puis de la pitié;
Mon ame à de la haine, & puis de l'amitié;
L'vne retient mon bras, & puis l'autre l'anime;
Belle & sainte amitié, qui de nous fait le crime?
Qui de nous le premier, a mesprisé tes loix?
Ha tu sçais si mon cœur, escoute encor ta voix?

ROXELANE.

Oüy, tu l'escoutes trop, cette amitié cruelle,
Qui deuroit n'estre point, n'estant pas mutuelle.
Oüy, tu l'escoutes trop, en faueur d'vn ingrat,
Qui luy fait vn'outrage, aussi bien qu'à l'Estat.
Mais voicy le Muphti;

SCENE QVATRIESME.

LE MVPHTI, RVSTAN, ROXELANE
SOLIMAN, DEVX ESCLAVES.

LE MVPHTI.

Cette menace est vaine,
Ie sçay ce que ie dois, à la Sultane Reine,
Seigneur, Rustan Bassa, m'a dit en peu de mots,
Le doute mal fondé, qui trouble ton repos:
Mais entends seulement, ce que le Ciel m'inspire,
Pour trouuer ce repos, & celuy de l'Empire;
Preste l'ame & l'oreille, enfin escoute moy;
Car c'est le Ciel qui parle, & te prescrit sa loy.
Tu promis au Visir, dont ton ame est rauie,
Que tant que Soliman, seroit encor en vie,
Nulle tragique fin, n'acheueroit son sort;

Mais

Mais parmy les sçauans, il est plus d'vne mort.

Certains Peuples Seigneur, dont l'Exemple est vtile,

Ont vne mort entre eux, qu'ils apellent ciuile :

D'autres plus esclairez, ont enseigné souuent,

Que pendant le sommeil, l'homme n'est point viuant,

En effect il est mort, pendant cét interualle :

Au corps comme en l'esprit, cette mort est esgalle :

L'ame semble sortir, & quiter sa prison ;

Et l'homme n'est plus homme, estant sans la raison.

Toutes ses fonctions, demeurent suspenduës ;

Non, il n'est plus viuant, puis qu'il les à perduës ;

Il ne voit, ny n'entend ; bref il est mort ainsi ;

Et lors qu'il se resueille, il ressuscite aussi ;

Comme apres cette mort qu'on nomme naturelle,

Nostre corps va reprendre, vne gloire immortelle :

Et c'est par ces raisons, qu'il faut tomber d'accort,

Que la mort est sommeil, que le sommeil est mort.

Or c'est par ce moyen, que tu peux satisfaire,

Et ta Religion, & ta iuste colere ;

Fais mourir Ibrahim, lors que tu dormiras ;

Tu sauues ton serment, & tu te vangeras.

C'est l'vnique sentier, que ta raison doit suiure ;

Quand tu ne viuras point, fais qu'il cesse de viure ;

Enfin pour abreger, ces discours superflus,

Tu n'as qu'à t'endormir, & tu ne viuras plus.

V

ROXELANE.

O saint ! ô venerable ! ô fidelle interprette,
Des volontez du Ciel, & de son grand Prophette !
Qui pourroit s'oposer, à tes commandemens,
Et n'aprehender point de cruels châtimens ?

RVSTAN.

Qui pourroit s'opposer, au courroux legitime,
Des Anges du Sepulchre, apres vn si grand crime ?

SOLIMAN.

Mais quoy, faire perir, celuy qui m'a sauué !

ROXELANE.

Mais il te veut oster, ce qu'il t'a conserué.

RVSTAN.

Mais il t'alloit rauir, le iour & la Couronne !

LE MVPHTI.

Hà Seigneur, crains le Ciel, & fais ce qu'il ordonne!

SOLIMAN.

O Dieu! perdre Ibrahim! dure neceßité!

ROXELANE.

Il desrobe vne Esclaue, il l'a trop merité.

SOLIMAN.

Perdre Ibrahim!

LE MVPHTI.

Seigneur, le Prophete s'offence,
De l'incredulité, qui fait ta resistance.

RVSTAN.

Perds-le pour te sauuer;

ROXELANE.

songe à ce qu'vn Dieu peut;

SOLIMAN.

Et bien, qu'il meure donc, puis que le Ciel le veut.
Qu'on mene les Muets (ô penser effroyable!)

V ij

Auecques leurs Cordeaux, aupres de ce Coupable;
Et viens pour aduancer, ce funeste moment,
Attendre mon sommeil, à mon Appartement.
O Prince malheureux!

SCENE
CINQVIESME.

ROXELANE, DEVX ESCLAVES.

ROXELANE.

La victoire est certaine ;
Oüy, Roxelane Regne, elle est Sultane Reine.
Du Throne qu'elle occupe, elle ne peut plus voir,
Ce superbe ennemy, qui choquoit son pouuoir.
Le voila renuersé, l'orgueilleux aduersaire.
Mais poussons iusqu'au bout, l'adresse necessaire ;
De peur que Soliman, ne soit mieux aduerti,

Il faut perdre Ruſtan, & perdre le Muphti.
Pour vn ſi grand ſecret, nul n'eſt aſſez fidelle;
Et pour dernier ouurage, il faut perdre Iſabelle:
Ainſi dans peu de iours, le fer & le poiſon,
De tous mes ennemis, me feront la raiſon.

SCENE
SIXIESME.

ASTERIE, ROXELANE,
DEVX ESCLAVES.

ASTERIE.

HA Madame, eſcoutez la voix de la clemence!

ROXELANE.

Rendez grace à mes ſoins, qui vangent voſtre offence.

ASTERIE.

H a ſauuez Ibrahim!

ROXELANE.

vous parlez de punir;
Sa rigueur eſt encor, en voſtre ſouuenir.

ASTERIE.

Ie parle de ſauuer, vn homme de courage:

ROXELANE.

Vous eſtes peu ſenſible, apres vn grand outrage.

ASTERIE.

Accordez moy ſa grace, au nom de l'amitié;

ROXELANE.

Ie vous offenſerois, ſi i'en auois pitié.

ASTERIE.

Hà ſeruez ce grand homme, en ce peril extreme!

ROXELANE.

Non, ie vay vous vanger, & me vanger moy mesme.
Il vous à refusée, il le diroit ailleurs ;
Prenez en le perdant, des sentimens meilleurs :
Enfin il est perdu, quelque chose qu'on face.

SCENE

SEPTIESME.

ASTERIE.

IVste Ciel, ce grand cœur, n'aura donc point de gr.
Vn iniuste courroux, laschement animé,
Perd vn objet aimable, & que i'ay tant aimé !
Quoy, ie le souffrirois ! hâ non, non, Asterie ;
Dompte d'vn fier esprit, l'implacable furie :
Pour sauuer le Bassa, que l'on perd auiourd'huy,

Ne pouuant estre sienne, hâ donne toy pour luy!
C'en est fait, il le faut;

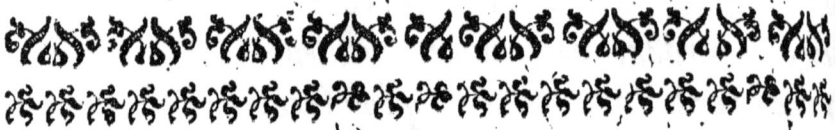

SCENE
HVICTIESME.

ASTERIE, ACHOMAT.

ASTERIE.

            Achomat, si vostre ame,
Ainsi qu'on me l'a dit, à pour moy quelque flame,
Vn seruice important, me le fera mieux voir:

ACHOMAT.

Madame, ç'en est fait, s'il est en mon pouuoir.

ASTERIE.

Ie sçay que vostre esprit, que tout le monde admire,
Sur celuy du Sultan, conserue vn grand empire;

Qu

Que vous y pouuez tout; or il faut Achomat,
Sauuer en me seruant, Ibrahim & l'Estat.

ACHOMAT.

Moy, sauuer Ibrahim!

ASTERIE.

ouy, ie vous le commande;
Mais soyez diligent, l'affaire le demande.

ACHOMAT.

Mais Madame, songez........

ASTERIE.

vous me faites mourir;
Ne songez qu'à me plaire, & qu'à le secourir;
Parlez, priez, pressez :

ACHOMAT.

ô loy trop inhumaine!

ASTERIE.

Enfin, opposez-vous, à la Sultane Reine.

ACHOMAT.

Et quoy.........

ASTERIE.

n'alongez pas ces discours superflus;
Si vous ne le sauuez, vous ne me verrez plus.
Ie crains qu'on ne me voye, adieu, le danger presse;
Allez suiure mon ordre.

SCENE
NEVFIESME.

ACHOMAT.

O Barbare, ô Tigresse!
En quel funeste estat, reduisez-vous mon cœur?
Quoy, i'iray me destruire, & sauuer mon vainqueur!

Quoy, i'iray conseruer, & la gloire, & la vie,
A l'objet de ses vœux, comme de mon enuie!
Malheureux Achomat, quel conseil suiuras-tu?
Ie sçay qu'il est d'un cœur, où regne la Vertu,
De n'insulter iamais, sur ceux qu'on veut destruire;
Mais il sufit aussi de n'aller par leur nuire;
C'est trop que de seruir, ses propres ennemis;
Non, non, n'en faisons rien, nous n'auons rien promis.
Mais on te le commande, on le veut; il n'importe:
Le respect est bien fort; la raison est plus forte:
Mais tu perds ton espoir; mais ie perds vn Riual:
Tu ne fais pas vn bien; mais i'éuite vn grand mal:
O dure incertitude, ô violent orage!
Ciel, il parla de toy, comme d'vn grand orage!
Il vanta les perils, que ton bras a tentez!
Reconnoissance, honneur, enfin vous l'emportez.
Perdons-nous, perdons-nous, ou sauuons sa personne;
L'honneur le veut ainsi, la Sultane l'ordonne;
Parlons, parlons pour luy, dans ce pressant danger;
Apres, s'il est ingrat, nous pourrons nous vanger.
L'honneur qui nous deffend, de le perdre à cette heure,
Nous le permettra lors, & souffrira qu'il meure:
Quicon... de la gloire, est tousiours amoureux,
Mesme à ses ennemis, doit estre genereux.

SCENE
DIXIESME.

RVSTAN.

O VY, tout eſt maintenant, en l'eſtat qu'il doit
eſtre ;
Entrons, pour acheuer, le deſtin de ce traiſtre.

SCENE VNZIESME.

RVSTAN, SOLIMAN, VN CAPIGI.

RVSTAN.

Morath, ne ferme plus, de toute cette nuit,
Afin que ie ressorte, auecques moins de bruit.
Mais desia l'Empereur, a fermé les paupieres;
Abaisse les rideaux, reculle ces lumieres;
Il dort, silence, il dort; retournons sur nos pas.

SOLIMAN.

Arreste, arreste;

RVSTAN.

O Ciel!

SOLIMAN.

non, non, ie ne dors pas.
Garde bien de sortir, sur peine de la vie:

X iij

Helas ie ne dors pas, & n'en ay point d'enuie.
Vn tourment exceßif, vn regret sans pareil,
Dißipe malgré moy, les vapeurs du sommeil.
L'inquietude esmeut, mes paßions mutines;
Sur la pourpre & sur l'or, ie trouue des espines;
Vne iuste terreur, m'agite à tout propos;
Et bref, il n'est pour moy, ny sommeil, ny repos.
Que ie suis malheureux! que ma peine est horrible!
Icy tout m'est funeste, & tout m'est impoßible.
Le sommeil dont chacun iouyt paisiblement,
N'est vn bien deffendu, que pour moy seulement.
Plus ie le veux chercher, & tant plus ie m'en priue
Mon desespoir le chasse, à l'instant qu'il arriue;
Mes peines sont sans fin, mes maux n'ont point de bout;
I'ay beau changer de lieu, ie me trouue par tout;
Et pour me separer, de cette peine extreme,
Il faut quiter le iour, ou me quiter moy-mesme.
I'aprouue ma fureur, ie blasme mon desir;
Ie suis mon ennemy, bien plus que du Visir;
Et dans les sentimens, que ma pitié fait naistre,
Ie suis plus malheureux, qu'Ibrahim ne va l'estre.
Dieu, que fait Isabelle, en ce funeste instant!
Dieu, que pense Ibrahim, de la mort qu'il attend!
Elle fond toute en pleurs; il me fait cent reproches;
Ces pleurs, & ces discours, pourroient fendre des roches;
Ils toucheroient sans doute, vn Tigre sans pitié;

Et tu ne te fends pas, cœur fans nulle amitié!
Souuiens-toy, fouuiens-toy, de la grande iournée,
Ou le bras du Vifir, força la deftinée;
Il te fauua le iour, & cruel, tes Bourreaux,
Luy font voir maintenant, la mort & des cordeaux!
Ouy, ce bras tout chargé qu'il eftoit de fes chaifnes,
Rendit des Ennemis, les efperances vaines;
Il te fauua l'Empire, aux yeux de l'Vniuers,
Et cét Illuftre bras, eft encor dans les fers!
O trifte recompence! ô lafche ingratitude!

RVSTAN.

Enfin par trop d'ennuy, comme par laffitude,
Le Sultan s'affoupit, precipitons nos pas.

SOLIMAN.

Mais que fais-ie infenfé? de ne connoiftre pas,
Que le Ciel me combat, & qu'il me rend fenfible?
Luy feul rend aujourd'huy, ma vengeance impoffible.
Le Grand Vifir eft pris, il eft abandonné;
De funeftes Bourreaux, il eft enuironné;
Et cependant il vit, parjure, facrilege,
Connois, connois par là, que le Ciel le protege.
S'il ne le protegeoit, il feroit defia mort;
Ie n'aurois point promis, ce qui change fon fort;

Pour le perdre auiourd'huy, i'en perdrois la memoire;
Ie n'aurois point de peur, de destruire ma gloire;
Ie n'aurois point au cœur, ces remords superflus;
Enfin, ie dormirois, & luy ne seroit plus:
Mais en l'estat funeste, ou la douleur me range,
Ie voy bien que le Ciel, ne veut pas qu'on me vange.
Et de quel crime ô Dieu! pretens-ie me vanger?
Son cœur ne change point, c'est moy qu'on void changer:
Ie suis seul criminel, il fuit de qui l'opresse;
Il songe seulement, a sauuer sa Maistresse;
Et pouuant renuerser mon Trosne, & me punir,
Ce cœur trop genereux, ne fait que se bannir.
Escoutons la raison, & la voix du Prophete;
C'est elle qui retient, mon bras & la tempeste;
C'est luy qui me conseille, en ce funeste iour;
Escoutons-les tous deux, n'escoutons plus l'Amour.
C'en est fait, c'en est fait, il faut rendre les armes;
Ne versons point de sang, versons plustost des larmes;
Repentons-nous enfin, de nostre lascheté;
Et sauuons Ibrahim, qui l'a tant merité:
Ou s'il faut en verser, versons celuy d'vn traistre,
Qui pour son interest, deshonnore son Maistre.

RVSTAN.

Seigneur, peux-tu changer, de si iustes desseins?

Souf.

Souffre que ie l'eftrangle, auec mes propres mains :
Sois plus ferme Seigneur, bannis cette foibleffe ;
Et vois que fon excez, fait tort à ta Hauteffe.

SOLIMAN.

Va Tigre, va barbare, abandonne ces lieux ;
Et ne monftre iamais, tes crimes à mes yeux :
Ils me font voir les miens, lors que ie te regarde :
Sors d'icy, fors bourreau, le Prophete me garde :
C'eft luy qui me confeille, & qui parle à mon cœur ;
C'eft luy qui me couronne, & qui me rend vainqueur.
Morath, fans publier cette heureufe nouuelle,
Fais venir Ibrahim, fais venir Ifabelle ;
Ciel qu'il à de vertus ! ô Ciel qu'elle à d'apas !
Mais voyons-le toufiours, & ne la voyons pas ;
Referme cette porte.

Y

SCENE
DOVZIESME.

RVSTAN, ROXELANE,
DEVX ESCLAVES.

RVSTAN.

      Enfin noſtre conduite,
Ne ſeruira de rien, le Sultan l'a deſtruite,
Il retombe Madame, en ſa premiere erreur;
Il ſauue le Viſir, & ie fuis ſa fureur;
Oüy, ie ſors du Serrail, c'eſt luy qui me l'ordonne.

SCENE

TREIZIESME.

ROXELANE, DEVX ESCLAVES.

ROXELANE.

O Ciel! c'est donc icy que l'espoir m'abandonne!
Quoy, l'orgueilleux Visir, triomphera de moy!
Cet Esclaue insolent, me fera donc la Loy!
Il monte sur le Throsne, & me laisse ses chaisnes!
Il rendra donc tousiours, mes entreprises vaines!
Il regnera tousiours, sur vn foible Empereur!
Hé non, non, Roxelane, escoute ta fureur.
Agis contre ce lasche, ou bien contre toy mesme;
Vois son heure derniere, ou ton heure supresme;
Oüy, perds toy Roxelane, ou le perds auiourd'huy;
Cede à ton desespoir, ou te vange de luy.

La grandeur eſt l'objet, où ton humeur aſpire ;
Il faut perdre le iour, ou conſeruer l'Empire ;
Car dans les ſentimens, où i'ay touſiours eſté,
Ie ne balance point, le Sceptre & la clarté.
Ie perdray l'vn & l'autre, en ce moment funeſte,
Ou i'auray tous les deux ; c'eſt l'eſpoir qui me reſte :
Quiconque aime la gloire, & l'aime auec ardeur,
Se doit enſeuelir auecques ſa grandeur.

VNE ESCLAVE.

Dieu, que dans cét eſprit, la fureur eſt extreme !
Si l'on ſauue Ibrahim, il ſe perdra ſoy meſme.

L'AVTRE ESCLAVE.

En effect, ſa fureur, eſt ſans comparaiſon ;
Mais ſuiuons-là ma Sœur, elle perd la raiſon.

SCENE

QVATORZIESME.

VN CAPIGI, IBRAHIM, LES QVATRE
MVETS AVEC LEVRS CORDEAVX, ISABELLE,
EMILIE, TROVPE DE IANISSAIRES.

VN CAPIGI.

IE voudrois vous seruir, & ne veux point vous nuire;
Mais mon ordre Seigneur, n'est que de vous conduire;
Ie ne sçay rien du sort, qui vous est preparé:

IBRAHIM.

Allons trouuer la mort, d'vn visage asseuré.

Y iij

ISABELLE.

Hâ ie quite aŭiourd'huy, ma premiere penſée!
Elle eſtoit inhumaine, aŭſſi bien qu'inſenſée:
Et ie ſents maintenant, qu'il m'euſt eſté plus doux,
De viure ſans plaiſir, & de mourir ſans vous.

IBRAHIM.

Et quoy, l'on en voudroit, à voſtre Illuſtre vie?
Quoy l'on pourroit aŭôir, cette funeſte enuie?
Tigres, ne penſez pas, que ie puiſſe endurer,
Que l'on face mourir, ce qu'on doit adorer.
Si l'on n'en veut qu'à moy, ie ſuis ſans reſiſtance;
Ie n'auray pas beſoin, de toute ma conſtance ;
I'attendray le treſpas, ou me le donneray;
Mais ſi vous l'aprochez, ie vous eſtrangleray.

ISABELLE.

Non, ne deffendez point, ma trame infortunée;
Nous n'aurons qu'vne amour, & qu'vne deſtinée;
Viuez, & ie viuray; mourez, & nous mourrons;
Allons Iuſtinian, que tardons-nous? allons;
Et puis que Soliman, veut voir noſtre miſere,
Demandons luy la mort, comme vn bien neceſſaire.

IBRAHIM.

Hà n'en parlez iamais, si vous ne voulez voir,
Ce cœur à la torture, & dans le desespoir!
Allons plustost Madame, obtenir vostre grace;
Faire par mon trespas, que ie le satisface;
Et pour remettre en luy, sa premiere bonté,
Que mon sang soit le prix, de vostre liberté.

ISABELLE.

Non, les iours d'Ibrahim, sont les iours d'Isabelle;
Il ne sçauroit mourir, qu'il ne meure duec elle;
Mais que veut Achomat, & la Sultane aussi?

SCENE
QVINZIESME.

ACHOMAT, ASTERIE, IBRAHIM,
Isabelle, Emilie, vn Capigi, Trovpe de
Ianissaires, les qvatre mvets.

ACHOMAT.

SI vous deuez mourir, ie viens mourir icy:

ASTERIE.

Le Sultan me va perdre, ou ie vaincray sa haine:

IBRAHIM.

O cœur trop genereux!

ISABELLE.

ô bonté souueraine!

Esperl

LE CAPIGI.

Esperez, esperez, il est encor permis:
La vertu qu'on oprime, à tousiours des amis;
On la peut ataquer, mais elle est la plus forte,
Vous le verrez bien tost ; qu'on ouure cette porte.

SCENE
SEIZIESME.

ACHOMAT, ASTERIE, ISABELLE,
IBRAHIM, SOLIMAN, EMILIE, VN
CAPIGI, TROVPE DE IANISSAIRES,
LES QVATRE MVETS.

ACHOMAT.

Eigneur, sauue l'Empire, en sauuant le Visir;
Perds en le conseruant, ton iniuste desir;

Z

Songe que ce grand cœur, est l'apuy des Couronnes;
Qu'il n'a point merité, la mort que tu luy donnes;
Que tu l'as veu cent fois, couuert au premier rang,
Du sang des ennemis, & de son propre sang;
Qu'il à vaincu la Perse, & peut vaincre la Terre;
Et qu'il est adoré, de tous les gens de guerre;
Ils parlent tous par moy, qui viens le secourir;
Seigneur, si tu le perds, nous voulons tous mourir.

ASTERIE.

Autrefois ta bonté, m'ayant donné sa vie,
C'est voir rauir mon bien, que de la voir rauie:
Ne m'oste pas Seigneur, ce que tu mas donné;
Oste ses mains des fers, elles t'ont couronné;
Sauue ce grand courage, illustre ta memoire;
C'est ta fille, Seigneur, qui regarde ta gloire.

ISABELLE.

O Monarque inuincible, escoute à cette fois,
La vertu qui te parle, & reuere sa voix!
Ne iette plus les yeux, sur les yeux d'Isabelle;
Regarde là Seigneur, tu la verras plus belle;
Tu la verras briller, & de gloire, & d'apas,
Et ton cœur amoureux, ne la quitera pas.

Suy là, Suy là Seigneur, cette vertu sublime;
Elle t'esloignera, de la honte & du crime;
Elle conseruera, ton renom glorieux;
Et te rendra l'amour, de la Terre & des Cieux.

IBRAHIM.

O mon cher protecteur! ô mon Prince, ô mon Maistre!
Dißipe en ton esprit, l'enchantement d'vn traistre;
N'escoute plus sa voix, escoute l'amitié;
Iette sur Ibrahim, vn regard de pitié;
Lis iusques dans son cœur, vois iusques dans son ame,
Le respect qu'il conserue, en despit de ta flame.
Connois les sentimens, que ce cœur à pour toy;
Vois qu'il ne plaint rien tant, que l'honneur de son Roy;
Que malgré ton amour, & ta rigueur extreme,
Il t'estime, il t'honore; ha disons plus, il t'aime!
Oüy Seigneur, l'amitié me conduit à tel point,
Que ie mourray content, si tu ne me hais point.

SOLIMAN.

Vous viurez, vous viurez, mon iniustice est morte:
Oüy, ma raison triomphe, & se voit la plus forte:
Ie la voy, ie la suy, ie l'aime vniquement;
Et ne veux plus aimer, qu'elle, & toy seulement.

Viuez, viuez heureux, que rien ne vous separe ;
Puisse benir le Ciel, vne amitié si rare ;
Et puissent vos bontez, au lieu de me punir,
Perdre de mes erreurs, l'infame souuenir.

IBRAHIM.

Ie ne me souuiens plus, de ma peine passée ;
Elle est en mon esprit, vne image effacée ;
I'entens, i'entens la voix de mon Maistre, aujourd'huy ;
Rustan parloit tantost, mais maintenant c'est luy.

SOLIMAN.

Non, non, il faut punir mon injuste follie ;
Ouy, quitez le Serrail, renuoyez l'Italie ;
Ouy, partez, i'y consents, ayez la liberté ;
Et ce fidelle Amy, ce qu'il a merité.

ISABELLE.

Adieu Prince Inuincible, & Monarque supreme :

IBRAHIM.

Helas, en te quitant, c'est me quiter moy-mesme !
Ie te laisse mon cœur, en partant de ce lieu ;

SOLIMAN.

Adieu; non, ie mourrois, si ie disois A dieu.

SCENE
DIX-SEPTIESME.

IBRAHIM, ACHOMAT, ASTERIE, ISABELLE, EMILIE.

IBRAHIM.

A Dieu braue Achomat,

ISABELLE.

Adieu belle Asterie.

Z iij

SCENE

DERNIERE.

VN CAPIGI, IBRAHIM, ASTERIE
ISABELLE, EMILIE.

VN. CAPIGI.

COmme Ruſtan ſortoit, tout le Peuple en furie,
Qui de voſtre priſon, venoit d'eſtre aduerti,
A poignardé ce traiſtre, auecques le Muphti;
Et la Sultane Reine, en le regardant faire,
Eſt morte de deſpit, de rage, & de colere.

IBRAHIM.

O Iuſtice du Ciel, tu marches lentement;
Mais tout crime à la fin, trouue ſon chaſtiment.

ASTERIE.

Puissent estre vos iours, comblez d'heur & de gloire;
Puisse tout l'Vniuers, aprendre vostre Histoire;
Et sçauoir qu'à la fin, le Ciel recompensa,
La diuine Isabelle, & *L'ILLVSTRE BASSA.*

Fin du cinquiesme & dernier Acte.

www.ingramcontent.com/pod-product-compliance
Lightning Source LLC
Chambersburg PA
CBHW070400090426
42733CB00009B/1477